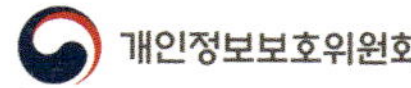

사진 하나로
당신을 찾아냅니다.

소중한 개인정보와 나를 지키기 위해,
핸드폰 사진 위치 정보 저장 기능을 끄세요.

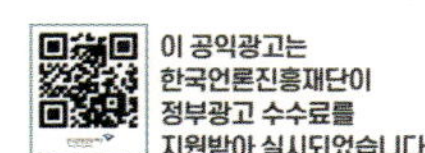

KB273544

'세상을 바꾸려면
먼저 자신을 다스려라!'

**경쟁이 이념이 되고 욕망이 미덕이 된 시대,
붓다와 공자가 남긴 지혜의 말씀은 나를 지키는 단단한 무기가 된다!**

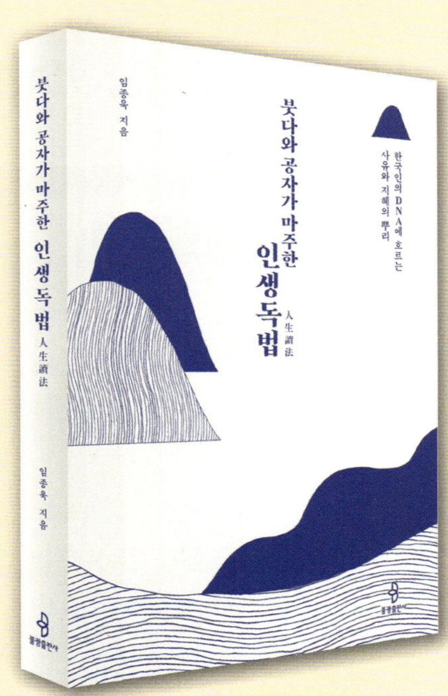

한국인의 DNA에 흐르는
사유와 지혜의 뿌리

붓다와 공자가 마주한
인생독법 人生讀法

임종욱 지음
312쪽
19,000원

1부
삶이 흔들릴 때 나를 붙잡는 지혜

2부
누구에게나 한결같은 인생의 법칙

3부
혼자일 수 없는 우리를 위한 철학

참회(懺悔) ― 자성(自省)
항상 잘못을 경계하며 스스로 반성하고 참회하라.
이것이 허물과 불화 없이 즐거운 인생을 사는 비결이다.

업(業) ― 실천[行]
한 번 착한 일을 했다고 복이 오고, 한 번 나쁜 짓을 했다고
벌이 오지는 않는다. 쌓이고 쌓여서 결과로 나타난다.

중도(中道) ― 중용(中庸)
지나친 것이나 모자란 것이나 모두 치우친 것이다.
균형 잡힌 태도야말로 행복의 지름길이다.

방편(方便) ― 권도(權道)
언제 어디서나 적용될 삶의 모범답안은 없다.
상황에 따라 적절한 방법을 찾는 것이
원만한 지혜이다.

불광출판사 전화 02) 420-3200 ǀ www.bulkwang.co.kr ǀ 불광미디어

깨달음의 나무, 사유수

불광

Monthly Magazine
2025 12 | vol.614
www.bulkwang.co.kr

발행인　지홍　54-jihong@hanmail.net

편집인　류지호　sunflower6472@hanmail.net

편집주간　김남수　nskim6861@hanmail.net
사진　유동영　podosy@naver.com
에디터　송희원　ruread@naver.com
　　　　하다해　oceanalot@gmail.com
마케팅·광고　이유리　sdbfly@naver.com
SNS　류지수　jigu_0123@naver.com
디자인　쿠담디자인　koodamm@naver.com

영상콘텐츠　유권준　reamont@naver.com
　　　　　　김대우　mindtemple@gmail.com
　　　　　　김희준　fr79@naver.com
총무부장　윤정안　ja2718@hanmail.net

제작국장　김명환　heaan70@hanmail.net

인쇄·출력　㈜테라북스
종이　한솔 pns

● 표지설명
나무줄기와 나뭇가지에서 퍼져 나오는
생명력을 굵고 가는 획의 대비로
시각화한 타이포그래피.

● 책에 실린 작품 중 소장처가 불분명하거나
소장자와 연락이 닿지 않아 부득이 허가를 받지
못하고 게재한 작품이 있습니다. 이에 대해서는
확인되는 대로 적법한 절차를 밟도록 하겠습니다.

「불광」 통권 614호 2025년 12월 1일 발행
1974년 9월 5일 등록 종로 라-00271호
정가 12,000원, 1년 정기구독료 144,000원

주식회사 불광미디어
주소 서울시 종로구 사직로10길 17, 301호
전화 02-420-3200   팩스 02-420-3400
광고문의 02-420-3200

www.bulkwang.co.kr
youtube.com/c/bulkwangc
facebook.com/m.bulkwang
@monthly_bulkwang
네이버에서 '월간불광 스마트스토어' 검색

여주 신륵사 다층전탑(보물)과 고려시대 나옹 스님이 심은 것으로 전해지는 은행나무.
관세음보살님을 닮은 나뭇가지가 있어, 많은 사람이 찾는 나무다.

서산 보원사지 오층석탑(보물)과 은행나무.

깨달음의 나무, 사유수

思惟樹

룸비니 숲에 도착한 마야 부인이 무우수 가지를 잡자, 싯다르타
태자가 탄생했다. 그 순간을 룸비니 숲의 모든 나무가 숨죽이며
지켜봤다. 팔십 년 인생을 거리에서 보낸 부처님이 사라수 아래에
몸을 누이자, 나무는 꽃을 피워 부처님께 마지막 공양을 올렸다.
부처님은 나무 아래에서 태어났고, 나무 아래에서 선정에 들었고,
나무 아래에서 입적했다. 석가족의 멸망을 바라본 곳도 나무
아래였다.

나무는 예부터 하늘과 땅을 이어주는 우주목(宇宙木)이었고,
생명을 잉태하는 생명수(生命樹)였다. 환인의 아들 환웅이
하늘에서 강림한 곳도, 곰에서 사람으로 변한 웅녀가 아이를
갖고자 기도한 곳도 신단수라는 나무 아래였다.
불과 얼마 전까지만 하더라도 마을 입구에는 성황당이 있었고,
그곳을 지키는 당산나무가 마을마다 있었다. 정월 보름이면
나무 아래에서 당산제를 지냈고, 당산나무는 마을 공동체를
지켜주는 버팀목이었다.

도시화의 물결 속에 사라진 나무들을 절집에 가면 찾아볼 수 있다.
이제는 절집 나무들이 산과 마을을 지켜주고 있다. 그리고 미래의
부처님인 미륵불이 강림하는 곳도 용화수(龍華樹) 아래다.
산과 마을을 지켜주고 미래를 언약하는 나무를 찾아가 보자.

스님의 지팡이가 뿌리내려
잎을 맺고 나무가 되다

글. 하다해
사진. 유동영

오래된 장소에 많은 추억이 쌓이듯,
수령이 오래된 나무에도 이런저런
설화들이 주렁주렁 매달리기 마련이다.
조계종 제16교구 본사인 고운사의
말사인 청량사는 신라 문무왕 3년(663)때
원효대사가 창건했다고 전해진다.
절 짓는 것을 도운 뿔 셋 달린 소가
완공을 하루 앞두고 죽자, 안타깝게 여긴
원효대사가 소의 무덤을 만들어 주고
'삼각우총(三角牛塚)'이라 이름붙였다
한다. 세월이 흘러 이 무덤에서
가지가 세 갈래로 뻗은 소나무가 자라
'삼각우송(三角牛松)'이라 불리게 됐다.
하지만 절집 고목(古木)의 가장
대표적인 이야기는 스님이 땅에 꽂은
지팡이가 자라 나무가 됐다는 것이다.

홍주사   충남 백화산 동남편 산중턱에 자리한 조계종 제7교구 본사 수덕사의 말사인 홍주사 은행나무에도 사찰 창건과 얽힌 전설이 있다. 먼길을 가다 백화산 산기슭에서 잠시 쉬던 어느 노승의 꿈에 산신령이 나와 '이곳에 장차 부처님이 상주할테니 가지고 있는 지팡이로 표시를 하라'고 말한다. 깨어난 노승이 그 자리에 지팡이를 꽂고 기도하니 지팡이에서 은행나무 잎이 피고 뿌리를 내리기 시작했다는 것이다. 이 신령한 은행나무에 자식이 없는 이가 기도하니 자식을 얻고, 그 자식들이 부귀영화를 얻어 부처님을 모시고자 사찰을 지은 것이 홍주사라는 이야기다.

홍주사의 확실한 창건 연대나 인물은 전해지는 기록이 없으나, 현존하는 가람의 배치나 건축구조 등을 볼 때 고려시대에 창건된 것으로 추정된다. 노승의 지팡이가 자랐다는 은행나무는 중종 25년(1527)에 지어진 만세루 앞에 뿌리내리고 있다.

용문사　'국내에서 가장 키가 큰 나무'로도 불리는 양평 용문사 은행나무는 신라 의상대사가 꽂은 지팡이가 뿌리내려
성장했다는 설과, 신라의 마지막 왕 경순왕의 아들인 마의태자가 나라 잃은 슬픔을 안고 금강산으로 가던 중 심었다는 설이
전해진다. 천 년의 역사를 품은 이 나무는 태조 이성계의 아버지를 구하기도 하고, 세종으로부터 정3품의 직위를 받는가 하면
정미의병(1907) 항쟁 당시 일본군이 지른 불에도 타지 않았으나 1919년 고종이 승하하자 큰 가지가 떨어지거나,
나라에 큰 일이 일어날 때마다 이상한 소리가 났다는 등 한국사와 함께 숨쉬는 설화들을 가득 안고 있다.

부석사　당나라에서 돌아온 의상대사가 창건한 부석사에는 늦봄이면 노란 꽃이 피는 골담초가 자라고 있다. 다소 아담한 이 나무는 '선비화(仙扉花)'라는 별명으로 불리며, 의상대사가 부석사에 안거하던 시절 꽂은 지팡이가 자란 것이라 한다. "내가 떠난 뒤 이 지팡이에 잎이 나고 꽃이 피면 국운이 흥왕할 것이고, 나무가 말라 죽지 않으면 나도 죽지 않으리라." 스님 진영을 모신 조사당 처마 아래서 비를 맞지 않고도 자라는 모습에 퇴계 이황(1502~1571)이 지은 시가 있다.

擢玉森森倚寺門　옥인 양 높이 솟아 절 문에 기대어 섰는데
僧言卓錫化靈根　스님은 의상 대사 지팡이가 변한 것이라고 하네
杖頭自有漕溪水　지팡이 머리에 응당 조계수(曹溪水) 있어
不借乾坤雨露恩　천지간 비와 이슬의 은택 빌리지 않으리라

운부암　팔공산 은해사 암자 8곳 중 하나인 운부암(雲浮庵)은 대대로 대사들의 처소였으며, 근대에는 경허(鏡虛), 혜월(慧月), 운봉(雲峯), 성철(性徹), 향곡(香谷) 등 기라성 같은 고승들이 주석한 곳이다. 전설에는 화엄사상의 터전을 마련하고자 팔공산을 찾은 의상대사가 "여기가 명당이다" 하고 지팡이를 꽂은 곳에 느티나무가 자랐고, 이곳이 운부암이라고 한다. 고려시대와 조선 철종 때 화재를 겪고 소실과 중건을 두 차례 거쳤으나, 의상나무는 굳건히 버텨왔다. 큰 줄기 안쪽이 푹 패인 듯 비었는데도 여전히 여름이면 푸른 잎이 무성하게 펼쳐진다.

수종사 　남양주 수종사의 은행나무.
조선시대에 세조가 동굴에서 물 떨어지는 소리를 범종 소리로 듣고, 직접 심은 나무로 전해진다.

적천사　　청도 원리 남산자락의 적천사 천왕문 앞에는 커다란 은행나무 암수 한 쌍이 자라고 있다. 이중 천왕문에
더 가깝고 덩치가 큰 암나무에는 보조국사 지눌 스님이 명종 5년(1175)에 적천사를 중창한 뒤 당신이 짚고 다니던
지팡이를 꽂은 것이 자랐다는 이야기가 전해진다. 1694년 태허 경일 스님이 은행나무 앞에 이 사실을 기록한 비석
'축보조국사수식은행수게(築普照國師手植銀杏樹偈)'을 세웠다.

조계산 송광사 천자암 전경.

천자암　조계산 장군봉 아래에 있는 천자암 쌍향수는 송태회(宋泰會)가 설정한 송광사 내외8경 중 하나다. 남한에서 보기
드문 이 쌍향수는 고려시대 보조국사와 그 제자 담당국사의 향나무 지팡이가 자란 것이라는 전설이 있다. 불치병에 걸린
금나라 장종(章宗)의 왕비를 보조국사가 법력으로 치료해 주었는데, 그 일로 셋째 왕자 담당과 사제의 연을 맺고 고려로
돌아와 수행할 곳을 찾다 이 자리를 암자 터로 정하고 나란히 지팡이를 꽂았다는 것이다.
천자암에서 40여 년을 주석하신 뒤 2019년 입적하신 활안 스님 승탑 아래에서 보는 천자암 모습은 내외8경 중 단연
으뜸이다. 사진작가가 마당에서 우연히 만난 천자암 감원 법응 스님은 활안 스님의 상좌로, 통도사까지 이어지는 야간
운전의 노고를 위로하며 떡과 과일을 푸짐하게 싸 주었다.

송광사　송광사는 신라 말 혜린 선사가 창건할 당시에는 '길상사'라는 이름이었다가 고려 말 보조국사 지눌이 중창불사를 거쳐 '수선사'로 이름을 바꾼다. 이후 우리가 아는 송광사라는 이름이 된다. 이곳에 지눌 스님이 처음 왔을 때 자신의 지팡이를 꽂고 게송을 남긴다. 이후 송광사는 지눌 스님을 이어 국사 15명을 배출한 승보사찰이 되고, 스님의 지팡이가 자란 향나무는 1751년 이중환의 『택리지』와 1886년 순천부사 이범진이 왕실에 보고를 올린 지도에 '불생불멸(不生不滅)'로 기록된다. 지금은 고사한 상태로, "푸른 잎을 다시 보게 되"길 기다리며 보전 중에 있다.

爾我同生死　너와 나는 함께 살고 함께 죽으니
我謝爾亦然　내가 떠날 때 너도 떠나고
會看爾靑葉　너의 푸른 잎을 다시 보게 되면
方知我亦然　나도 그런 줄 알리라

다섯 그루 나무가 들려주는
붓다의 삶

특집. 깨달음의 나무, 사유수

글. 이미령

부처님과 나무

인도 사람들은 이 세상을 남섬부주라고 불렀소. 이 세상은 수미산 남쪽에 단단하게 뿌리내린 잠부(Jambu, 섬부, 염부) 나무 아래에 펼쳐진 섬이라는 뜻이오.

사람들은 우리들 나무가 저마다 땅에 한 그루씩 뿌리내린 단절된 환경에서 살아가고 있다고 알고 있소. 하지만 생태학자들은 우리 나무끼리 긴밀한 네트워크를 형성하여 서로 정보를 주고받으며 수십억 년 동안 살아왔다는 사실을 잘 알고 있소. 이외수 작가의 소설 『보복대행전문주식회사』를 읽어보았소? 수목원에서 일하는 청년이 세상의 부조리를 파헤치고 악한 자를 응징하는데, 그는 나무들과 꽃들이 서로 주고받는 메시지의 도움을 받고 있소. 소설이기는 하지만 이 지구에 인간보다 먼저 뿌리내리고 살아온 우리들 나무의 능력을 정확히 갈파한 상상력에 나는 박수를 보내오.

비록 뿌리가 대지에 박혀 단 1cm도 옮겨 다닐 수 없는 처지이지만 우리는 세상의 모든 일을 듣고 알고 있다오. 가장 먼저 룸비니 숲의 무우수(無憂樹)에게 귀를 기울여 보기 바라오.

> 내 뿌리는 튼튼하고 밑동에서 위까지 굵기가 고르며 가지와 잎이 흐드러졌는데, 나뭇잎의 반은 녹색이고 반은 청색이며 비취색과 자색이 서로 빛나 마치 공작의 목처럼 아름답고, 부드럽기는 비단옷과 같으며, 향기로운 꽃이 만발하니 그 향기를 맡는 사람은 모두가 행복해졌소.

근심이 없는 나무, 무우수 이야기

내 이름은 아쇼카(ashoka). 근심이나 슬픔(śoka, 憂)이 없는(a, 無) 나무요. 그래서 무우수 또는 바라차(波羅叉)라고도 불리고 있소. 석가족 정반왕의 부인인 마야 왕비가 해산을 하려고 친정으로 가는 도중에 자리한 아름다운 룸비니 숲에서 나는 살고 있소. 내 뿌리는 튼튼하고 밑동에서 위까지

부처님이 탄생한 룸비니 동산의 보리수. 마야 왕비가 태자를 낳을 때는 무우수가 많았으나, 지금은 보리수가 터를 지키고 있다. 나무 앞으로 마야 왕비가 목욕했다는 연못이 있다.

굵기가 고르며 가지와 잎이 흐드러졌는데, 나뭇잎의 반은 녹색이고 반은 청색이며 비취색과 자색이 서로 빛나 마치 공작의 목처럼 아름답고, 부드럽기는 비단옷과 같으며, 향기로운 꽃이 만발하니 그 향기를 맡는 사람은 모두가 행복해졌소.(『불본행집경』제7권)

온 세상 꽃들이 피어나는 아름다운 봄날, 나는 그날 동산을 찾아온 마야 왕비를 기억하고 있다오. 출산일을 앞둔 왕비는 천천히 숲으로 들어왔소. 나뭇가지를 흔드는 바람에 온몸을 내맡기며 황홀한 듯 숲을 거닐던 왕비는 어느 사이 내 곁으로 조용히 다가왔소. 향기롭고 아름다운 꽃에 눈길을 빼앗긴 왕비는 오른팔을 내밀어 나의 꽃가지를 잡으려 하였소. 하지만 손이 닿지 않았소. 그 모습을 지켜보던 나는 살짝 허리를 굽혀 그녀의 손에 닿도록 꽃가지를 아래로 드리웠소.

왕비의 손이 내 꽃가지에 닿는 바로 그 순간, 나를 비롯한 룸비니 숲 속 모든 나무가 숨을 죽였소. 그녀에게서 아이가 태어났기 때문이오. 온 세상이 은은하게 빛나고 천상의 신들이 내려와 그 아이를 모태로부터 받아서 지상에 내려놓는 장면을 모든 나무가 목격했소. 그뿐만 아니라 아기가 조용하게 그러나 또렷한 음성으로 다시는 윤회하지 않을 것이며 이것이 자신의 마지막 태어남이라고 선언하는 광경도 목격했다오.

마야 왕비는 세상의 모든 어머니가 출산할 때 겪어야 했던 고통과 근심이 전혀 없었소. 어쩌면 세상은 그런 이유에서 나를 아쇼카, 즉 근심이 없는 나무(무우수)라 부르게 된 것인지도 모르오. 이 아이는 훗날 붓다가 될 존재였소. 붓다는 세상의 근심을 없애주는 큰 스승이라오. 붓다의 어린 시절 이야기를 나는 카필라성에 있는 또 다른 나무에게서 전해 들었소.

어린 왕자의 선정에 숨죽인 잠부나무 이야기

나는 잠부나무요. 이번에는 내 이야기를 들어주시오.

카필라성에 커다란 축제가 열렸소. 한 해 농사를 시작하는 파종의 축제로 온 나라 백성들이 모두 모여 떠들썩하게 축하하는 잔치라오. 정반

잠부나무 아래에서 선정에 든 싯다르타. 간다라 지역에서
3~4세기 조성됐다. 파키스탄 페샤와르박물관 소장.

왕은 싯다르타 왕자를 불러 이 흥겨운 축제를 지켜보라고 일렀소. 싯다르타는 부왕의 명을 받고 환호하는 사람들 속에서 축제의 하이라이트를 지켜보았소. 그것은 바로 왕의 지시를 따라 사람들이 연장을 들고 땅을 갈고 씨를 뿌리는 순서였소. 사람들은 환호했으나 어린 왕자의 눈에는 조금 다른 것이 보였소.

수많은 농부가 거의 반벌거숭이로 땀을 흘리며 뙤약볕에서 소에 보습을 매어 밭을 갈고 있었소. 소도 더위에 지쳐 걸음이 더뎠는데 그럴 때면 농부들도 힘겹게 고삐를 잡아당기며 재촉하였소. 보습으로 흙을 뒤집자 벌레들이 나왔는데 순식간에 새들이 날아와 벌레들을 쪼아먹었소.(『불본행집경』 제12권)

이 광경을 목격한 왕자는 충격을 금할 수 없었소. 인생이란 이렇게 지독하게 힘겨운 노동과 힘없는 중생의 학대와 먹고 먹히는 살육의 현장이란 사실을 목격하였기 때문이요. 산다는 것은 행복한 일이기보다는 처절하게 다투고 빼앗고 빼앗기는 고통의 연속인데, 축제에 모인 사람들은 이런 것을 보고도 저리 환호하고 있으니 그 부조리를 어린 왕자는 어떻게 받아들여야 할지 몰랐을 것이오.

그는 사람들 틈에서 조용히 빠져나와 이리저리 둘러보며 고요한 곳을 찾다 결국 내가 있는 곳으로 다가왔소. 나를 비롯한 세상의 모든 잠부나무(혹은 장밋빛 사과나무라고도 함)는 하늘 높이 솟아 있고 가지를 길게 아래로 드리워 깊은 그늘을 만들어주는데, 특히 나의 밑동에는 여느 나무들과 달리 청량하고 서늘한 기운이 감돌고 있었소. 어린 왕자는 사람들의 눈에 띄지 않게 나무 아래로 가서 가만히 두 발을 맺고 깊이 사색에 잠겨 들었소. 나는 잎사귀를 펼쳐서 축제의 소음을 막아주었고 뜨거운 햇빛도 가려주었소. 내게로 다가올 때 왕자의 표정은 슬픔으로 일그러졌으

> 하늘 높이 솟아 있고 가지를 길게 아래로 드리워 깊은 그늘을 만들어주는데, 특히 나의 밑동에는 여느 나무들과 달리 청량하고 서늘한 기운이 감돌고 있었소.

나 그늘에서 가부좌를 맺고 사색에 잠겨 들면서 그 얼굴에는 고요한 환희가 번져 나왔소. 그 자그마한 몸에서 뿜어나오는 맑은 기운에 나는 놀랐고, 꼼짝도 할 수가 없었소. 주변의 모든 나무는 태양을 따라 쉬지 않고 그늘을 옮겨갔으나 나는 미동도 할 수가 없었소. 행여 왕자의 저 깊은 선정을 흔들세라 숨을 죽이고 있었소. (『자타카』 「멀지 않은 인연 이야기」)

이 광경을 목격한 궁녀들이 정반왕에게 알렸고, 왕은 선정에 잠긴 어린 아들 주위로 동그랗게 원을 그린 나의 그늘에 탄복하며 조용히 합장하였소. 왕자가 궁에서 잘 자라 왕위를 잇기 바랐던 정반왕은 이날의 신비한 광경을 보면서 어린 아들이 구도자가 되리라는 것을 짐작했을지도 모를 일이오. 그리고 마침내 왕의 두려운 예감은 현실이 되었고, 왕자는 29세에 성을 나가 6년 동안 스승을 찾아다니며 고행에도 심취했다가 마침내 부다가야의 보리수 아래로 나아가게 된 것이오.

깨달음의 성스러운 나무, 보리수

나는 깨달음을 상징하는 나무, 보리수요.

6년 고행이 몸과 마음을 피폐하게 만들었을 뿐 아무런 효과도 없음을 절감한 싯다르타는 네란자라강에서 목욕을 마친 뒤 수자타에게서 우유죽을 받아 마시고 기운을 되찾았소. 그는 이제부터는 어느 누구에게도 의지하지 않고 혼자의 힘으로 괴로움의 소멸을 이루고 맑디맑은 깨달음의 경지로 들어가리라 결심하였소. 이번 생에 인간의 몸으로 태어난 이유가 깨달음을 이루기 위함인 만큼 이제 그때가 온 것이오. 싯다르타는 깨달음을 이룰 적당한 장소를 찾아 나섰소. 마침 풀을 베던 사람을 만나 향기로운 풀을 한 아름 얻어놓은 터였소. 풀을 들고 나선 싯다르타는 이 나무, 저 나무를 찾아다녔소.

하지만 나무 아래에 도착해서 앉으려 하면 땅이 움푹 꺼져버렸소. 인연이 아님을 알아차린 싯다르타는 곧바로 자리를 떠났소. 그럴 때마다 나는 애가 탔소. '싯다르타! 당신이 앉을 자리는 바로 내 곁입니다. 어서 이리로 오십시오'라고 외치고 싶었소. 하늘의 신들마저도 내 몸에 비단

부처님이 깨달음을 얻은 곳인 부다가야를 지키는 보리수. 부처님의 무상정등정각(無上正等正覺)을 지켜본 나무의 후손이라 한다. 수많은 참배객이 나무 주위에서 기도를 올린다.

그는 가만히 나를 바라보더니
내 밑동에 향기로운 풀을
깔고 그 위에 두 다리를 맺고
앉았소. 나는 기쁨에 가슴이
터져 버릴 것만 같았소. 이
사람은 반드시 붓다가 되어
세상의 근심과 슬픔과 불안을
씻어줄 스승이 될 것임을
알고 있었기 때문이오

깃발을 드리웠고, 내 주위의 모든 나무도 저마다의 가지와 줄기를 다 내 쪽으로 기울고 있었기에 싯다르타는 다가오기만 하면 금세 인연 있는 땅임을 알아차릴 것이라 믿었소.(『불본행집경』 제26권) 그럼에도 그가 다가오기까지 어찌나 그 시간이 더디게 느껴졌던지….

마침내 싯다르타가 내게로 다가왔소. 그는 가만히 나를 바라보더니 내 밑동에 향기로운 풀을 깔고 그 위에 두 다리를 맺고 앉았소. 나는 기쁨에 가슴이 터져 버릴 것만 같았소. 이 사람은 반드시 붓다가 되어 세상의 근심과 슬픔과 불안을 씻어줄 스승이 될 것임을 알고 있었기 때문이오. 제발, 이 성스러운 순간에 찬물을 끼얹는 어떤 일도 벌어지지 않기만을 바랐소. 하지만 우려했던 일이 벌어지고 말았소. 내 근처 어떤 나무에 깃들어 살고 있던 야차가 마왕 파순에게 이 일을 고했던 것이오. 마왕 파순은 붓다의 출현을 그 누구보다 가장 꺼렸던 인물이오. 붓다가 탄생하여 가르침을 펼치면 깨달음을 이룬 제자들은 욕망과 쾌락의 상징이랄 수 있는 마왕 파순의 영역을 벗어날 것이니, 마왕은 이런 사태를 참을 수가 없었기 때문이오.

마왕은 군대를 거느리고 내 밑동에 고요히 좌정한 싯다르타에게 다가와 소리쳤소.

"그 나무 아래에는 앉지 마시오. 다른 나무를 권해줄 테니 그리로 가시오. 왜 하필 그곳에 앉으려 하는 것이오?"

싯다르타는 조용한 목소리로 대답했소.

"나는 다른 나무 아래로 갈 생각이 없다. 과거의 모든 부처님이 이 나무 아래에서 깨달음을 이루셨기 때문이다."

깨달음의 도량을 떠날 생각이 없는 싯다르타를 향해 마왕 파순의 무시무시한 공격이 이어졌음은 잘 알 것이오. 군대를 동원해서 무기를 들고 공격했지만 싯다르타의 머리카락 하나도 다치지 않았소.

마왕 파순의 분별없는 행동에 화가 나서 저들을 말리려고 등장한 존재들이 있었소. 그들은 바로 나, 즉 보리수를 수호하는 여덟 명의 천신이오. 공덕(功德), 증장(增長), 무외(無畏), 교변(巧辯), 위덕(威德), 대력(對力), 실어(實語), 선회(善會)란 이름을 지닌 이 여덟 천신이 모습을 드러내어 마왕 파순을 말렸소. 오랜 생을 윤회하면서 쌓은 공덕을 도저히 이길 도리가 없어서 마침내 마왕 파순은 항복했고 도망치기에 이르렀소.

나의 밑동에 앉아 있던 싯다르타는 승리의 환호성을 지르지 않았소. 마치 무슨 일이 일어나기라도 했냐는 듯 덤덤히 선정의 단계를 하나씩 밟고 들어가기 시작했소. 그렇게 저녁이 지나고 한밤중이 되고 샛별이 뜰 때까지 그는 움직이지 않았소. 호흡조차 어찌나 조용했던지 나는 내 밑동에 앉은 그를 지켜보다 조바심이 일기까지 했소. 그리고 마침내 이 세상은 크나큰 스승을 만나게 되었소. 그가 바로 붓다, 깨달은 자로서 나는 그가 모든 번뇌를 다 끊어버리고 가장 맑고 깨끗하고 영원히 행복한 존재로 눈을 뜨는 과정을 지켜본 행운의 나무가 되었소.

이제 나와 주변의 모든 나무는 그를 붓다라 부르게 되었소. 붓다는 내 밑동에서 7일을 보낸 뒤 몸을 일으키더니 근처의 다른 나무로 옮겨가셨소. 이렇게 아자빨라니그로다 나무 아래에서, 무짤린다 나무 아래에서, 라자야따나 나무 아래에서 각각 7일을 보냈고, 그곳에서 다시 아자빨라니그로다 나무 아래로 옮겨가셨소. 바로 이 나무 아래에서 지내실 때 붓다의 마음이 잔잔히 흔들리기 시작했소. 당신께서 깨달은 진리를 사람들에게 전하려니 너무나 심오한 데다 세상 사람들은 다른 일에 정신이 팔려 있어 가르침을 들을 생각을 내지 않으리라고 생각했기 때문이오. 바로 그때 브라흐마 신이 모습을 드러내서 세상에 가르침을 펼쳐주시기를 간절히 청하였소. 흔쾌히 그 청을 받아들이신 붓다―. 깨달음을 구하는 간절한 보살로서 보리수 아래로 찾아온 그는 붓다가 되어 나무 아래에서

쿠시나가라 열반당을 지키는 사라나무. 부처님은 사라나무 아래서 몸을 뉘시고, 열반에 드셨다.
부처님이 몸을 뉘자 사라나무는 꽃을 피웠고, 학처럼 휘어졌다. 부처님께 올리는 마지막 공양이었다.

몸을 일으켜 세상으로 나아가셨소.

붓다는 언제나 숲에서 머무셨고 때로는 숲속 어느 나무 아래에서 한 뎃잠을 주무시기도 하셨소. 붓다의 일생은 숲속 나무들에게 깊은 인상으로 남았고 나무에 깃든 신들은 붓다의 모습을 지켜보기도 하고 가르침을 청해 들으면서 행복한 시간을 보냈소. 그렇게 45년의 세월을 보내고 난 뒤 인류는 붓다 최후의 순간을 맞이하게 되었소. 이 소식은 쿠시나가라의 사라나무가 들려줄 것이오.

슬픔을 꽃으로 피워 올린 두 그루의 사라나무

우리는 쌍둥이 사라나무요. 80세에 접어든 붓다께서 아난다 존자와 함께 다가오셨을 때 우리 두 그루 나무는 뭐라 말로 표현할 수 없는 서글픔에 사로잡혔소. 어쩌면 지상에서 두 번 다시 이분을 만날 수 없을 것이라는 예감 때문이었소. 아니나 다를까 붓다께서는 우리 두 그루 나무 사이에 오시더니 아난다에게 일렀소.

"그대는 나를 위해 두 그루 사라나무 사이에 머리를 북쪽으로 둘 수 있도록 자리를 마련해다오. 피곤하구나. 누워야겠다."

아난다 존자는 서둘러 자리를 마련했고, 붓다께서는 그 위에 가만히 몸을 뉘셨소. 우리 예감은 틀리지 않았소. 우리는 슬픔을 견디지 못해 울음을 터뜨렸소. 나무의 울음은 꽃이오. 꽃이 피는 계절도 아니었건만 격한 슬픔이 걷잡을 수 없이 터져 나왔고 슬픔은 꽃이 되어 우리 밑동에 누우신 붓다의 몸 위로 쏟아졌소. 슬퍼한 이는 나무들만이 아니었소. 하늘에서도 수많은 꽃이 비처럼 쏟아져 내렸소. 향기가 사방에 은은하게 퍼졌고 잔잔한 음악 선율도 대기에 가득 울려 퍼졌소.

우리는 쿠시나가라의 숲에 뿌리내린 채 살아왔지만 숱한 나무들이 전해주는 소식을 통해 붓다의 삶을 잘 알고 있었소. 세상에 인간으로 태어난 자들은 저마다의 삶 하나만을 건사하느라 허덕이지만 붓다는 자신의 안위를 지워버린 채 세상 사람들의 슬픔과 괴로움과 불안을 공감하고 그로부터 벗어나는 길을 알려주기 위해 평생을 사신 분이었소.

붓다께서는 지상에서 해야 할 일들을 차례로 마치셨소. 더 이상 가르침을 청하는 자도 나오지 않았고, 더 무엇인가를 설명할 일도 이젠 없게 되었소. 세상은 덧없으니 게으름 피우지 말고 정진하라는 당부를 마지막으로 붓다는 조용히 눈을 감으셨고 선정의 경지를 오르내리신 뒤에 완전한 열반에 들어가셨소. 세상의 눈이요, 빛이신 붓다의 최후는 그렇게 우리 두 그루 사라나무 사이에서 벌어졌다오. 슬프지만 슬퍼할 수가 없었소. 진작에 꽃으로 울음을 다 토해냈기 때문이오. 붓다께서는 우리의 꽃공양을 받으시면서 진정으로 붓다를 공경하여 공양 올리려면 진리를 실천하는 길뿐이라 말씀하셨기에 넋 놓고 통곡할 수가 없었소.

우리는 쌍둥이 사라나무요. 80세에 접어든 붓다께서 아난다 존자와 함께 다가오셨을 때 뭐라 말로 표현할 수 없는 서글픔에 사로잡혔소. 어쩌면 지상에서 두 번 다시 만날 수 없을 것이라는 예감 때문이었소.

붓다의 삶을 처음부터 끝까지 지켜본 우리들 나무는 지상에 오래도록 살아남아 그분의 자취를 전해줄 일만 남았다고 생각하오. 그래서 후세에 누군가 그 길을 걷겠노라 나서는 이가 있다면 우리는 숲속 나무 아래 새겨진 붓다의 발자국을 보여주면서 그 발자국을 따라가라고 인도할 참이오.

나무 아래에서 태어나 나무 아래에서 첫 번째 선(禪) 체험을 하셨고 나무 아래에서 마왕을 물리치고 깨달음을 이루신 뒤 나무 아래에서 마지막 숨을 거두신 붓다의 발자취는 나무에서 나무로 영원히 이어질 것이오. ●

__________ 이미령

불교 강사이자 경전 이야기꾼. 경전 강의를 진행하면서 불교 칼럼을 꾸준히 써오고 있다. 동국역경원에서 『대당서역기』, 『직지』 등 다수의 번역서를 냈다. 저서로는 『시시한 인생은 없다』, 『붓다 한 말씀』, 『이미령의 명작 산책』, 『숲속 성자들』, 『인생은 읽을수록 우아해진다』 등이 있다.

드디어 시작하는
현대인을 위한 첫 번째 불교 수업

**"정답이 없는 세상, 중심을 잃은 우리
혼란 속에서 내 삶을 바로 세워 줄 지혜는 어디에 있을까?"**

불교, 한 번쯤은 궁금하잖아

중현 스님이 콕 집어서 알려 주는
불교 핵심 교양수업

윤리와 가치가 힘을 잃은 오늘날, 우리는 모든 선택의 무게를 홀로 감당하며 살아간다.
『불교, 한 번쯤은 궁금하잖아』는 방향을 잃은 이 시대의 우리에게 삶의 중심을 지키는
법을 말해 준다. 일상 속에서 불교의 지혜가 스미는 순간을 포착하며 우리 내면에 있는
사유의 힘을 깨우고, 마음의 기준을 세워 주는 든든한 지침을 만나 보자.

중현 스님

1998년 송광사에서 출가해 봉암사, 송광사, 화엄사, 석종사 등 제방 선원에서
정진하였다. 현재는 무등산 증심사 주지로서 삶의 자리에서 수행을 실천하고 있으며,
불교의 가르침과 사람 사는 세상을 잇는 가교 역할을 하고 있다.

당산나무 아래서

특집. 깨달음의 나무, 사유수

글. 노승대

사진. 유동영

신령한 당산나무

인간이 수렵과 채취로 삶을 꾸려가던 구석기시대에는 동물과의 싸움으로 생존에 항상 위험이 따랐다. 돌을 깨서 도구로 사용하고 불을 이용할 줄 알았지만 살아남기에 급급해 지능 발달도 더뎠다. 보통 구석기시대의 기간을 300~400만 년으로 추정한다. 쉽게 말해 인류가 탄생한 지 24시간이 됐다고 가정한다면, 약 15분 전까지 주먹도끼 휘두르는 원시인이었다는 소리다. 만 년 전 마지막 빙하기가 끝나고 신석기시대가 시작됐다. 이 시대에는 돌을 갈아 썼으며 토기가 등장했다. 농경과 목축이 시작되면서 정착 생활이 자리 잡았다.

농경과 목축은 절대적으로 날씨의 도움이 있어야만 한다. 이는 인류의 능력만으로 해결할 수 없는 문제였다. 자연스럽게 자연물에 신성을 부여한 '자연신'이 나타났다. 천상신(天上神), 산신(山神), 지신(地神), 수신(水神), 화신(火神), 암석신(巖石神), 수목신(樹木神) 등이 등장했다. 원시종교가 발생한 것이다. 그중에서도 날씨를 관장하는 신이 가장 강력하다. 농경과 목축에 지대한 영향력을 갖춘 신이기 때문이다.

숲의 상징인 나무는 인류 생존에 필수적인 요소다. 인간보다 수명이 월등히 길어 500년 이상 사는 나무도 흔하다. 나무는 대지에 굳게 뿌리를 내리고 하늘을 향해 거침없이 솟아오른다. 지상과 하늘을 연결하는 신령으로 섬기기에 모자람이 없다.

인도의 인드라(Indra, 제석천)는 대표적인 날씨의 신으로, 번개를 상징하는 금강저를 가지고 있다. 그리스의 제우스(Zeus)신도 번개를 들고 있고, 북유럽의 토르(Thor)도 천둥과 번개를 상징하는 묠니르(Mjollnir)라는 망치를 휘두른다. 이들 모두 날씨의 신들이다.

그렇다면 우리 역사에서 날씨를 관장하는 신은 누구일까? 바로 환인이다. 아들인 환웅이 환인의 허락을 받고 풍백(風伯), 우사(雨師), 운사(雲師)를 거느리고 태백산 신단수로 내

원주 치악산 자락의 성황림. 마을의 수호신으로 모시던 성황당이 있는 신령한 숲이라 하여 '신림(神林)'이라
부르기도 한다. 금줄을 둘러놓았다. 천연기념물 제93호.

려오는 것이 우리 민족 역사의 시작이다. 풍백은 바람의 신, 우사는 비를 관장하는 신, 운사는 구름의 신이다. 일연 스님은 '환인은 이를테면 제석'이라고 주(註)를 달았다. 곧 환인이 제석천과 동일 인물이라는 뜻이 아니라, 날씨를 관장하는 권능이 같다는 의미다.

환웅이 신단수 아래로 내려왔듯, 나무는 자연물 신앙에서 중요한 의미가 있다. 숲이 있어야 중생이 살 수 있듯, 숲의 상징인 나무는 인류 생존에 필수적인 요소다. 더구나 인간보다 수명이 월등히 길어 500년 이상 사는 나무도 흔하다. 나무는 대지에 굳게 뿌리를 내리고 하늘을 향해 거침없이 솟아오른다. 지상과 하늘을 연결하는 신령으로 섬기기에 모자람이 없다. 당연히 자연물 신앙에서 가장 오랜 생명력을 가진 것도 수목신이다. 그것이 바로 우리의 당산나무다.

당산(堂山)의 중심 당산나무

한민족을 보듬고 지키는 성산은 백두산이다. 한반도 각 고을에는 백두산처럼 그 고을을 지키는 산들이 있다. 진산(鎭山)이라고 한다. 서울의 진산은 삼각산(북한산), 부산의 진산은 금정산, 광주의 진산은 무등산이다. 모든 마을에도 그 마을을 지키는 신을 모신 성역이 있다. 바로 당산(堂山)이다. 신을 모신 당집(신당)이 있는 산이라는 뜻이지만 마을과 많이 떨어져 있는 산은 아니다.

당산은 마을 안의 야트막한 언덕이나 산기슭에 자리 잡은 곳이 많다. 더러는 낮고 작은 봉우리에 위치하고, 들판 한가운데에 있기도 하다. 즉, 일정한 장소가 정해져 있는 것은 아니다. 지역에 따라 이 당산을 산제당, 서낭당, 성황당, 산신당 등으로 부른다.

당산 주위는 숲이 우거져 있는 곳이 많다. 이를 당숲, 당산숲이라고 부른다. 신령이 깃든 곳이기 때문에 평소에는 사람들이 잘 출입하지 않는다. 그러니 더욱 깊숙하고 그윽하다. 대표적인 당숲이 천연기념물로 지정된 강원도 원주 신림면의 성황림이다. '신령한 숲'이라는 신림(神林)이 지역명이 됐다. 면적만 해도 63,877㎡(약 19,000평)에 이른다. 안쪽 깊은 곳에는 잘 보존된 성황당이 있다.

당산의 중심이 바로 당산나무다. 당숲이 넓더라도 금줄이 처져 있거나 밑동에 하얀 백지가 감겨 있으면 그 나무가 바로 당산나무다. 당산나무 곁에는 당집이나 인공으로 쌓은 돌무더기가 있는 경우가 많다. 당집이나 돌무더기가 반드시 있어야 하는 것은 아니다. 당산나무만 있어도 신목(神木)으로 여겨 마을 사람들이 제의를 올린다. 곧 당산나무가 성스러운 나무로서 신령님이 내려와 머무는 신체(神体)가 되기도 하는 것이다.

당연히 당산나무는 마을의 가장자리나 어느 한쪽에 치우쳐 있더라도 심리적으로는 마을의 중심이 된다. 마을 사람들의 뜻이 하늘과 소통하는 장소이기 때문이다. 각 마을의 당산은 단군신화나 구지봉 설화에서처럼 작은 태백산이고 작은 구지봉인 셈이다.

당산나무로 쓰는 수종은 정해진 것이 없다. 오래 살 수 있는 느티나무가 가장 많고, 팽나무도 많이 쓴다. 소나무, 전나무, 서어나무, 왕버드나무, 은행나무도 있다. 당산나무 옆에 세운 돌무더기는 신탑(神塔), 누석단(累石壇) 등으로 부른다. 대부분 작은 신탑들이지만 매우 큰 신탑도 있다. 필자가 본 신탑 중에는 6m에 이르는 대형 신탑도 있었다. 강가의 돌을 주워 와 당숲에 쌓은 신탑으로, 구례군 토지면 구산리에 있다. 마을의 남자들이 총동원됐을 것이다.

당산나무에서의 제의는 음력 정월에 치른다. 제의 전에 당산나무와 당집 주위로 금줄을 친다. '부정한 것의 출입을 금(禁)한다'는 금줄은 새끼로 꼰다. 평상시에 사용하는 새끼줄은 오른쪽으로 꼬는 오른새끼지만, 금줄은 왼쪽으로 꼬는 왼새끼다. 비일상적인 공간에 왼새끼 금줄을 치면, 외부인은 물론 마을 사람도 함부로 그 안에 들어갈 수 없다. 신성한

부안 내소사 천왕문 앞에 있는 할머니 당산나무. (아래)할아버지 당산나무는 마을과 사찰의 경계에 있다.

영역으로 탈바꿈하는 것이다.

금줄에는 흰 종이를 띄엄띄엄 매단다. 이 백지는 신성한 태양의 밝음을 상징하며, 신성 지역임을 나타내는 징표다. 이러한 금줄은 아이가 태어났을 때나 장을 담갔을 때도 치는 것이 민간의 풍습이었다.

음력 정월에 당산에서 지내는 제의를 당산제, 당제, 동제, 서낭제 등으로 부른다. 당집이 있으면 그 안에서 제의를 올리지만, 당집 없이 당산나무 아래에 재단을 설치한 곳도 많다. 지역에 따라서 돌무더기 신탑에 제단이 있거나, 돌기둥 위에 돌 오리를 얹어놓은 솟대 모습의 돌당산도 있다. 제의를 올리는 당산도 다양한 형태인 것이다.

당산제에 들어갈 경비는 일반적으로 마을 사람들이 조금씩 추렴해 마련한다. 마을의 안녕과 풍년, 무병장수를 비는 공동의 제의이기 때문에 누구나 동참할 수 있도록 하는 것이 원칙이다. 그래야만 마을 공동체가 원활히 돌아갈 수 있다. 농경사회에서는 혼자 힘으로 농사를 다 짓기가 어렵다. 서로 품앗이하며 협력해야 농사를 원만히 지을 수 있다. 당산제는 풍농을 비는 행사이기도 하지만, 새해 농사를 서로 도우면서 잘 지어 보자는 단합 의식의 성격도 갖는다. 곧 당산나무가 그 구심점이 되는 셈이다.

민간 마을에서 모시는 당산제를 사찰과 함께 공동으로 모시는 곳도 있다. 부안 내소사 당산제다. 내소사와 사찰 아랫마을인 석포리 주민들은 정월 대보름날 공동으로 당산제를 모신다. 당산나무는 두 그루가 있는데 하나는 일주문 앞에 있는 할아버지 당산이고 또 하나는 천왕문 안쪽에 있는 할머니 당산이다. 음양을 맞춰야 생산이 되니, 이를 반영한 당산나무다. 두 그루 모두 느티나무로 수령이 할머니 당산은 약 1,000년, 할아버지 당산은 600년가량 됐다. 해묵은 나무들이 보호수로 지정됐듯 두 당산나무도 당연히 지정 보호수다.

내소사 당산제는 일제 강점기인 1925년 최남선이 남도 지방을 순례

내소사 스님들은 석포리 마을 사람들과 정월 대보름에 당산제를 지낸다. 할머니 당산에서 먼저 지낸 뒤,
마을로 내려가 할아버지 당산 앞에서 지낸다. 사진 불광미디어

금산 보석사를 창건한 조구(祖丘) 대사가 심은 은행나무로 전해진다. 나라의 변고나 마을에 큰일이 생기기 전에 소리를 내 징조를 알려 준다. 수령은 1,000년으로 추정되며, 마을을 지키는 당산나무다. 천연기념물 제365호.

마을이 생겼을 때부터
많은 이야기를 간직했던
당산나무는
매미 소리가 시끄럽게
울리는 나무 그늘
밑에서 낮잠을 자고,
어른들은 장기도 뒀다.
옛날이야기도 그 나무
아래서 들었다.

하며 쓴 『심춘순례(尋春巡禮)』에도 실려 있다. 책에는 당산나무, 선돌, 벅수, 제단과 금줄이 있다고 묘사됐지만 지금은 선돌이 없다. 장승과 닮은 액막이 벅수는 국립전주박물관에 이관됐다가 지금은 불교중앙박물관에 소장돼 있다. 나무를 뿌리째 거꾸로 세운 뒤 인물형 벅사상을 조각한 걸작이다.

제의 순서는 먼저 할머니 당산 앞에서 내소사에서 장만한 떡, 과일, 나물 등을 차려 놓고 스님들이 불교식으로 의식을 진행한다. 그런 다음 할아버지 당산 앞에서 마을 주민들이 제관이 되어 마을의 안녕과 풍년을 기원하며 유교식으로 제를 지낸다. 사찰과 마을이 공동으로 의례를 거행하지만 하나의 종교적 체계로 통합되지 않고 이원적인 모습으로 진행된다. 내소사 당산제는 사찰과 마을이 서로를 존중하며 화합한다는 의미가 깃든 제의다.

당산나무는 마을 사람들이 공동으로 심고, 가꾸고, 대를 이어가며 보살피는 나무다. 사람들은 당산나무가 오래 살아서 제의를 올릴 수 있기를 바란다. 그러려면 당산나무 스스로의 소유 재산이 있으면 된다. 실제로 당산나무 중에는 토지를 소유하고 있는 나무도 있다.

예천군에 그런 부자 나무가 두 그루 있다. 하나는 천향리의 석송령(石松靈)으로 수령 600여 년의 소나무고, 또 하나는 금남리의 황목근(黃木根)으로 수령 500여 년의 팽나무다. 두 나무 모두 천연기념물이다. 일제 강점기에 두 나무는 사람 이름으로 토지를 소유하게 됐다. 석송령 앞으로는 토지 6,600m²(약 2,000평)가 등기돼 있고, 황목근은 토지 13,620m²(약 4,000평)을 소유하고 있다. 당연히 세금도 낸다. 특히 석송령은 우산처럼 넓고 둥그렇게 퍼진 반송으로 운치가 뛰어나다. 물론 두 당산나무 아래서는 정월 보름날 마을 사람들이 함께 제의를 모신다.

　시골이 고향인 사람들은 고향의 추억과 함께 당산나무에 대한 추억도 같이 가지고 있다. 매미 소리가 시끄럽게 울리는 나무 그늘 밑에서 낮잠을 자고, 어른들은 장기도 뒀다. 옛날이야기도 그 나무 아래서 들었다. 마을이 생겼을 때부터 많은 이야기를 간직했던 당산나무들. 이제 시골의 인구가 급속히 줄면서 그 그늘에 모였던 사람들도 많이 흩어졌다. 촌로들이 당산나무에서 제의를 모시고 싶어도 음식을 장만할 부녀자가 없고 제의를 올릴 남정네도 없으니, 온 마을 사람들을 품어주던 당산나무의 역할도 서서히 저물고 있다.

　하지만 숲은 모든 생명체의 생존 터전이다. 이산화탄소를 흡수하고 산소를 배출한다. 남아메리카의 광대한 열대우림을 지구의 허파라고 하지 않는가. 그 숲의 상징인 나무가 사라지면 모든 동물도 의지할 곳이 없다. 영화 〈아바타〉에서 상처 입은 나비족들이 영혼의 나무를 통해 치유받듯이, 시대가 바뀌어 당산나무도 다시 우리 곁에서 살아날 수 있을까? ●

__________ 노승대

'우리 문화'에 대한 열정으로 조자용 에밀레박물관장에게 사사하며, 18년간 공부했다. 인사동 문화학교장(2000~2007)을 지냈고, 졸업생 모임 '인사동을 사랑하는 사람들 모임(인사모)', 문화답사모임 '바라밀 문화기행(1993년 설립)'과 전국 문화답사를 다닌다. 저서로 『사찰에는 도깨비도 살고 삼신할미도 산다』(2020년 올해의 불서 대상), 『사찰 속 숨은 조연들』, 『사찰에 가면 문득 보이는 것들』 등이 있다.

인터뷰
글. 송희원
사진. 유동영

경남 양산 통도사 산문으로 이어지는
무풍한송로(無風寒松路)를 따라
일주문을 지나 다시 북서쪽으로
3km쯤 올라가면, 사계절을 품은 암자
반야암(般若庵)이 모습을 드러낸다.
봄이면 매화와 벚꽃이, 여름이면
배롱나무가 암자 마당을 환하게
채운다. 가을에는 은행잎이 바람결에
흩날리며, 겨울이 오면 소나무가
고요한 암자를 묵묵히 지켜준다.
이 계절의 풍경을 누구보다 먼저,
깊이 바라보며 살아온 이가 바로
통도사의 대강백, 지안 스님이다.
스님은 법호 '요산(樂山)'처럼 한평생
산을 좋아하고 즐기며 산을 벗 삼아
살아온 수행자다. 영축산에 단풍이
깊어지던 11월, 스님을 찾아가
이야기를 들었다.

인연을 심는 일

1999년, 한 불자가 보시한 터 위에 반야암을
창건한 지안 스님은 그해 봄부터 지금까지 매년
나무를 심어왔다. 어느 해는 장터에서 묘목을
직접 고르고, 또 어느 해는 불자들이 정성껏
가져다준 묘목을 심었다.

지금까지 심어온 나무만 해도 수십 종류다.
백송, 마로니에, 목련, 오죽, 동백, 모과나무 등등.
옛날 선비들이 1등 지팡이로 여겼다는 마가목도
한 그루 심었다. '나무의 신사'라는 별명을 가진
은행나무도 구해다 심었는데, 이날도 아침과
점심 공양으로 은행 밥을 드셨다 한다.

"해마다 봄이 되면 식목일 전후로 나무를
심는 게 연례행사예요. 70년대 초반에
유행했던, 지금도 그립게 떠오르는 노래
가사가 있어요. '지금도 마로니에는
피고 있겠지….' 그 마로니에 하나
구해보겠다고 장에 돌아다녔는데, 어느
날 정말 내 앞에 마로니에 묘목이 딱
나와 있더라고요. 기쁜 마음으로 사 와서
심었더니 지금은 제법 우람해졌습니다."

25년 전 심은 두 그루의 보리수 묘목 중 한
그루는 누군가 잡목으로 오해해 베어 버렸고,
아쉬운 만큼 남은 한 그루는 더욱 정성을 들여
돌보았다.

스님은 나무를 가리켜 '심는 인연'이라 말한다.

"우리가 좋은 인연을 만드는 걸 '심는다'고

평소 눈여겨봤던 계곡에 있던 큰 바위를 끌어 올려
만통전 뒤 마당가에 심었다. 약사부처님이 계신 만통전
뒤에 있는 바위라 '약바위(藥岩)'라고 명명했다.
중장비로 들어 올렸는데, 그 무게가 25톤이라 한다.
"물을 보면 물을 배우고 돌을 보면 돌을 배우라는 말이
있다. 때에 따라 물 같이 부드럽게, 돌 같이 단단하게
마음을 가지라는 말이다."(지안 스님)

표현합니다. 나무를 심는 일은 불교에서
말하는 '심전경작(心田耕作)'과 똑같아요.
마음 밭을 갈고 씨앗을 심는 것. 꿈을
심고 희망을 심고, 선근을 심는 일이지요.
농사에서 씨를 뿌리고 모종을 심는 일이
가장 먼저이듯, 우리의 삶도 '심기'가
기초입니다."

산속에서 반세기를 살아온 스님은 늘 산의 변화,
나무의 호흡, 숲의 침묵을 읽어왔다. 또한 나무를
통해 사람의 마음을 이해한다. 그래서일까, 암자
곳곳에 스님의 손길이 닿지 않은 나무가 거의
없다. 스님은 매년 봄이 오면 마치 도량 전체가
다시 태어나는 것처럼 느껴진다고 한다.

부처님은 태어날 때도, 깨달음을 얻을 때도,
그리고 열반에 드실 때도 늘 나무 아래에 계셨다.
스님은 이 사실이 단순한 우연이 아니라 불교의
본성을 상징한다고 설명한다.

"불교는 한마디로 숲속의 명상이에요.
나무 밑에 고요히 앉아 '이 뭣고' 하며 자기
인생을 돌아보는 일. 그렇게 수행하다
보면 '이렇게 살아도 저렇게 살아도 결국
한 길이구나' 하는 무상(無常)이 먼저 와
닿습니다. 그게 불교의 시작입니다."

스님도 산에서 반세기를 살며 '이 뭣고'를 놓지
않았더니, 산이 품고 있던 묘한 이치들이 하나둘
눈에 들어왔다고 한다. 숲길을 걸을 때면 나무와
말 없는 대화를 나누게 되고, 헤르만 헤세가

'나무와 대화할 줄 아는 사람만이 진리를 쉽게
이해한다'고 한 말의 뜻도 비로소 체감되기
시작했다. 이야기를 이어가던 스님이 요즘 등산
문화에 대해 흥미로운 말을 덧붙였다.

"등산을 많이들 하는데, 맨날 산에
올라갔다 내려왔다 하면서도 산과 대화를
나누진 않아요. 정복했다 이런 말만
하지요. 산은 정복하는 대상이 아니라
'들어가는' 대상입니다. 산을 알려면
고요한 한밤중에 산이 내쉬는 숨소리를
들어봐야 해요. 그 소리는 들을 줄 아는
사람만이 듣는 겁니다. 그 소리를 들을
수 있는 사람은 자연히 사유의 깊이가
달라져요."

스님은 사람들에게 자연이 주는 '정서적
감각'을 다시 회복해야 한다고도 했다. 문명이
발전할수록 서로 대립하는 소리만 커지고,
마음의 조화는 점점 멀어진 시대가 됐기
때문이다.

숲은 싸우지 않는다

1970년, 지안 스님이 대학생이던 스물네 살 때
일이다. 조용히 공부하러 들어간 통도사에서
맞은 새벽예불은 스님의 삶을 단숨에 바꿔놓았다.
말로 표현할 수 없는 감동이 가슴 깊은 곳에서
올라왔다. 스님은 그날로 가지고 갔던 책을 모두
불태우고, 벽안 스님을 은사로 출가했다. '중노릇
잘하려면 금생에 태어나지 않은 셈 치고 살라'는

"불교는 한마디로 숲속의
명상이에요. 나무 밑에
고요히 앉아 '이 뭣고' 하며
자기 인생을 돌아보는 일.
그렇게 수행하다
보면 '이렇게 살아도 저렇게
살아도 결국 한 길이구나'
하는 무상이 먼저 와
닿습니다. 그게 불교의
시작입니다."

은사 스님의 말씀을 되새기며 불법의 요체를 알기 위해 수행 정진했다.

출가 후 30대 초반까지 스님은 누구보다 날카롭고 논리적이었다. 무비 스님은 그를 "면도칼 같다"고 평가했다고 한다. '말로 싹 베어내듯 날카롭게 비판한다'는 뜻이었다. 그러나 시간이 지나면서 그 날카로움은 조금씩 둥글어지고, 수행의 온기가 마음에 퍼지기 시작했다.

지안 스님이 월간 「불광」 초창기 구독자로 인연을 맺게 된, 광덕 스님과의 첫 만남도 인상적이다. 젊은 시절 통도사 강원에 학인으로 있을 때, 광덕 스님이 통도사를 방문해 법문을 했다. 스님은 법문 후 따로 찾아가 "스님, 깨달으셨습니까?"라고 당돌하게 물었다. 그러자 광덕 스님이 미소를 띠며 말했다.

"내게 밥값 내놓으라고 하는 거네요. 하하하. 글쎄요, 다른 말은 할 수 없어도 이 말만은 제가 할 수 있어요. 마음이 환히 밝아지는 걸 느꼈어요. 지안 스님도 중노릇 잘하면 마음이 한없이 밝아지는 때가 올 것입니다."

그 말의 뜻은 서른이 넘어서야 비로소 이해할 수 있었다.

"30대 중반이 넘어가니 예전의 날카로운 성격이 무뎌지면서 광덕 스님의 그 말이 새삼 떠올랐어요. 24세에 절에 들어와

지안 스님이 계신 요사채 지월당에서 약바위까지가 300보다.
이 길을 오가는 횟수가 열 번이 넘으니 매일 6,000보 넘게 포행하는 셈이다.

10년이 지나니 모든 게 훤히 보이면서
마음이 좀 편안해졌어요. 옛날보다 마음이
훨씬 밝아진 거지요."

스님은 한평생 강백으로서 후학을 길러왔다.
마산 정법사 포교당에 머물던 시절에는 청년회
신도 100명이 넘게 모였고, 그 인연으로 출가한
이도 30여 명에 달했다. 스님의 모든 가르침의
중심에는 '인과법·인연법·일심법'이 있었다.

"불교는 아무리 경전을 많이 읽고, 불교
지식이 아무리 많다고 해도 인과를
인정하지 않으면 불교를 안 믿는 것과
다름없습니다. 모든 수행은 마음 밭을
고르고 좋은 씨앗을 심는 일이지요."

스님은 대승 경전의 핵심을 『화엄경』도
『법화경』도 만법을 조화롭게 하나로 통일하는
이야기'라는 한 문장으로 정리한다.

"보통 윤리적인 말로 '선행을 해라' 이런
표현을 많이 해요. 말하자면 마음을
잘 쓰고 싶은 게 인생이야. 『화엄경』
「정행」품에 '선용기심(善用其心)'이란
글자가 나와요. 참된 생각과 뜻이
마음속에 그대로 살아 움직이도록
해나가는 것이 불교의 수행이에요.
대승 경전 최고의 경으로 알려진
『화엄경』과 『법화경』의 뜻을 한마디로
요약해 말한다면, '조화 통일'이에요."

이 말은 스님의 수행 전체를 꿰뚫는 말처럼
들렸다. 나무를 심는 일도, 사람을 가르치는 일도,
삶 속에서 마음을 잘 쓰는 일도 결국 하나의
조화로 귀결되기 때문이다.
스님은 인공지능 시대를 단순한 기술의
문제가 아니라 '마음 작용의 문제'로 바라본다.
AI는 방대한 데이터를 기반으로 패턴을 분별하며
작동한다. 하지만 수행이 지향하는 자리는 '분별
이전의 자리' 즉, 무분별지(無分別智)다.

"중생은 망상과 노는 속성이 있어요.
사바세계의 속성이지요. 중생은 망상
놀음에서 재미를 느끼지만, 부처님들은
망상과 놀지 않습니다. 망상 없는 세계는
그 망상 갖고는 못 들어가는 거예요.
망상을 떠나려면 한 생각이 완전히
끊어져 봐야 해요. 분별을 초월한 지혜, 즉
무분별지는 기계적으로 얻을 수 있는 게
아닙니다."

스님은 덧붙여, 사람에게 필요한 것은 결국
정서의 깊이라고 강조했다. 정서가 메마를 때
예술도, 철학도, 수행도 함께 말라버린다. 반야의
지혜는 기계가 대신할 수 있는 것이 아니라,
인간이 스스로 길어 올려야 할 내면의 과제임을
일깨워준다.

"이 세상 모든 게 다 반야"
스님이 운영하는 모든 도량과 기관에는
'반야(般若)'라는 이름이 붙어 있다. 반야암,

지안 스님은 요즘도 하루 10시간씩 당나라 고서와 현대 불교
서적을 읽으며 독서삼매에 들어간다.
"하나에 뭔가 몰두할 수 있어야 해요. 책을 보는 사람은
독서삼매에 들어간 게 곧 선(禪)입니다. 그런데 분별이 들끓으니
이 생각, 저 생각에 흔들리지요. 내가 평생 책만 읽고 살았는데,
그건 객관적으로 드러납니다. 그런데 한 소식 했는가 두 소식
했는가는 겉으로 드러나지 않아요. 그건 수행자가 스스로
체험해야 알고, 아는 사람만 아는 것입니다."

반야보전, 반야불교문화연구원, 반야불교학당….
왜 모든 이름에 반야를 붙였냐는 질문에 스님은
웃으며 말했다.

"바람 소리도 반야고, 물소리도 반야고,
하늘에 흘러가는 구름도 반야고, 달이
뜨는 것도 반야고, 해가 지는 것도 반야고,
알고 보면 반야 아닌 게 없어. 이 세상 모든
게 다 반야야. 부처님 법을 열반법 해탈법
등 여러 가지로 표현하지만, 불교 진리를
압축 요약해서 한마디로 말한다면은
핵심은 반야지요."

반야불교문화연구원은 올해로 15년째
반야학술대상을 시상하며 불교학 연구를
지원하고 있다. 학술대회와 강연회를 여는
한편, 꾸준히 불교 서적을 출판하며 불교학술지
「프라즈냐(prajñā)」와 월간 「반야」도 발간해
보급하고 있다. 매주 토요일에는 전국에서
모여드는 불자들과 학인들이 반야암 설법전에서
열리는 '산사 인문학 강좌'를 듣는다.
　스님의 법명 '지안(志安)'은 은사 벽안
스님이 내려준 이름으로, "뜻을 바르게 세워 한
생을 편안히 살아가라"는 가르침이 담겨 있다.
그 이름처럼 지안 스님은 '불교의 대중화와
지성화'라는 뜻을 세우고, 평생을 스님과
재가불자들에게 부처님의 가르침을 전하며
살아왔다. 스님의 이러한 원력은 원래 『화엄경』
「수미정상게찬」품의 한 사구게에서 비롯됐다.

"어둠 속의 보배도 등불이 없으면 보이지
않는다. 아무리 지혜로운 사람이라도
법을 설해주는 이가 없으면 깨달음을
얻기 어렵다(譬如闇中寶 無燈不可見
佛法無人說 雖慧莫能了)."

이 구절을 읽는 순간, 스님은 '법을 전하는
사람으로 살아가겠다'는 다짐을 했다고 한다.

"중도 한 30년 이상 돼 봐야 중물이
들어가서 조금 향기가 납니다. 그러니까
하나에 뭔가 몰두할 수 있어야 해요. 책을
보는 사람은 독서삼매에 들어간 게 곧
선(禪)입니다. 그런데 분별이 들끓으니 이
생각, 저 생각에 흔들리지요. 내가 평생
책만 읽고 살았는데, 그건 객관적으로
드러납니다. 그런데 한 소식 했는가 두
소식 했는가는 겉으로 드러나지 않아요.
그건 수행자가 스스로 체험해야 알고,
아는 사람만 아는 것입니다. 그러니까
결국은 자기가 체험해야 알 수 있는
거예요."

스님은 마지막으로 한마디를 덧붙였다.

"마음을 잘 쓰고, 잘 심는 것.
그게 인생입니다." ●

指月堂
甲午夏
梁山志安

용화수, 미륵이 부처가 되어 설법하는 곳

특집. 깨달음의 나무, 사유수

글. 류상수

미륵하생변상도 속 용화수

미륵의 보리수, 용화수

용화수(龍華樹)는 미륵의 보리수다. 보리수는 석가모니가 깨달음을 이룬 장소였다. 불상이 없던 시절, 보리수는 석가의 형상(佛像)을 대신하는 상징으로 인식되면서 이른 시기부터 조형화됐다. 이후 석가 자체뿐 아니라 성도의 장소라는 의미도 가지게 됐다.

미륵신앙은 석가여래가 입멸하고 56억 7천8백만 년이 지난 뒤, 도솔천의 미륵보살이 인간 세상에 태어나 용화수 아래에서 성불한 후에 미륵여래가 된다는 이야기다. 석가모니가 보리수 아래에서 성불했듯이, 미륵은 용화수 아래에서 성불했다. 미륵은 포스트 석가로서 그 상징성을 이어받으며, 용화수도 자연스럽게 미륵의 보리수가 된다.

원래 용화수는 산스크리트어인 ‘나가푸슈파(Nāgapuṣpa)’의 한역이다. 나가(nāga)는 일반적으로 ‘용(龍)’을, 푸슈파(puṣpa)는 ‘꽃’을 의미한다. 원어의 기준으로 본다면 용화수는 나무보다 꽃으로 보는 것이 타당하다.

나가푸슈파의 도상은 후기 굽타시대부터 팔라시대의 인도 밀교 조각에 이르기까지 미륵보살이 들고 있는 지물로 표현됐다. 특히 팔라시대 10~11세기 제작의 인도 파트나박물관 소장 석조미륵보살좌상[도판 1]과 콜카타 인도박물관 소장 석조미륵보살입상[도판 2]의 왼쪽 어깨 위에 보이는 형상은 인도에서는 용화수를 꽃으로 이해했다는 것을 명확히 보여주는 사례다.

그럼에도 불구하고 용화수를 ‘나무’의 개념으로 이해하는 것은 ‘나가푸슈파’를 당시 중국의 사회문화적 인식 아래에서 번역한 결과로 볼 수 있다. 그렇다면 이 같은 인식 속에서 한역된 미륵 성도의 상징인 ‘용화수’가 등장하는 경전은 무엇이며, 어떤 신앙에 기초한 것일까?

미륵하생신앙의 표상, 용화수

미륵은 산스크리트어로 마이트레야(Maitreya)를 음역한 것이다. 마이트레야는 ‘자애롭다’라는 뜻을 가진 마이트리(maitrī)에서 유래했으며, 한역으로는 자씨(慈氏), 자존(慈尊)이라고 한다. 나라와 사회가 불안하고 혼란할

[도판 1] 석조미륵보살좌상, 인도 팔라 10~11세기, 인도 파트나박물관.
출처 왕용, 이재연 역, 『인도미술사』(다른생각, 2014), p.518

때 사람들은 새로운 파라다이스를 갈망하는데, 이러한 사람들에게 메시아이자 미래의 부처로 신앙되던 부처가 바로 미륵이다.

혼돈의 시대에 있어 미래의 구세주인 미륵에 대한 신앙은 '미륵상생신앙'과 '미륵하생신앙'의 두 가지 양태로 구분된다. 미륵상생신앙은『불설관미륵보살상생도솔천경(佛說觀彌勒菩薩上生兜率天經)』(이하『상생경』)에 바탕을 둔다. 한결같은 수행을 통해 임종 후 미륵보살이 상주하는 도솔천에 태어나 내원궁에서 그의 법문을 듣고 깨달음을 얻어 육도윤회의 고통에서 벗어나고자 하는 내용이다.

미륵하생신앙의 근간이 되는 경전으로는『불설미륵하생경(佛說彌勒下生經)』(이하『하생경』),『불설미륵대성불경(佛說彌勒大成佛經)』(이하『대성불경』),『불설미륵하생성불경(佛說彌勒下生成佛經)』(이하『하생성불경』)이 있다. 석가여래 입멸 후 56억 7천8백만 년이 경과하면, 미륵보살이 도솔천에서 속세로 하생해 염부제(閻浮提)의 상류층 부모의 자식으로 태어나 용화수 아래에서 마침내 성도를 이룬 후 미륵여래가 된다. 이후 석가여래가 구제하지 못한 중생을 미륵여래가 세 번의 설법, 즉 용화삼회(龍華三會)를 통해 모두 깨달음을 얻게 한다는 신앙을 말한다.

흥미롭게도 하생신앙의 경전에서 용화수 또는 용화를 미륵의 하생과 성불의 장소적 상징으로 표현한다. 또한 중생 구제를 위한 설법의 상징으로도 나타낸다. 특히『대성불경』에서는 그 생김새와 신성성까지도 자세히 설명한다.

> "용화의 가지는 보룡(寶龍)과 같이 백 가지의 보배 꽃을 토하고, 하나하나의 꽃잎은 칠보의 색을 드러내고, 갖가지의 과일이 중생의 뜻대로 열리니, 천상계에도 인간계에도 이에 비유할 곳이 없을 정도이다."

용화수 또는 용화를 미륵하생의 심벌로서 가치를 부여하고 있음을 알 수 있다. 그렇다면 이러한 미륵하생신앙이 시각적으로 구현된 형상은 어떠

[도판 2] 석조미륵보살입상, 인도 팔라
10~11세기, 인도 비하르 출토,
콜카타 인도박물관. 출처 위키미디어

[도판 3] 석조교각보살상,
북위 5세기 후반, 운강 16굴 남벽
동쪽의 미륵불감. 출처 고혜련, 『미륵과
도솔천의 도상학』(일조각, 2011), p.171

[도판 4] 석조교각여래상, 북위 5세기
후반, 운강 9실 전실 서벽 미륵불감.
출처 『미륵과 도솔천의 도상학』, p.219

한 모습이었을까?

미륵하생신앙의 시각화

미륵하생신앙은 서역승 축법호(竺法護)
가 『하생경』(303년)을 한역하고, 『구마라
집(鳩摩羅什)이 『대성불경』(402년)을 역경
한 이후 중국에 전파되기 시작했다. 미
륵상생신앙은 이보다 조금 후인 455년
에 저거경성(沮渠京聲)이 『상생경』을 한
역하면서 유포됐다. 결국 미륵신앙은 4
세기 초의 하생신앙을 시작으로 5세기
에는 상·하생신앙이 완전체로서 중국
대륙으로 확산된 것이다.

4세기부터 보급된 미륵신앙이 북위
시대(386~534년)에 적극 수용되면서 미
륵 형상이 본격적으로 조성된다. 돈황석
굴을 비롯한 감숙성 일대의 석굴과 운강
석굴, 용문석굴에서 상생신앙이 반영된
석조교각(交脚)보살상[도판 3]이, 하생신
앙이 반영된 석조교각여래상[도판 4]이
조성된다. 석굴의 조각보다 작은 금동미
륵교각좌상[도판 5]도 확인된다.

불화의 경우 아잔타 석굴과 키질 석
굴 등 인도와 서역 석굴에서 미륵보살도
일부가 확인된다. 당나라 때부터는 돈황
석굴을 중심으로 미륵 경전에 등장하는
다양한 에피소드와 인물들을 도상화해
서사적으로 풀어낸 변상도(變相圖, 경전의

내용을 그림으로 표현한 것)가 많이 조성된다.

미륵보살이 도솔천 내원궁에서 설법하는 상생신앙의 장면을 상단에 두고, 그 아래에 미륵여래가 현세에서 설법하는 하생신앙의 장면을 서사적으로 장황하게 표현한 미륵정토변상도가 있으며, 하생의 장면만 묘사한 미륵하생변상도도 있다[도판6, 7].

흥미로운 점은 미륵여래의 도상이 의자에 앉아 두 다리를 나란히 늘어뜨린, 일명 의좌(倚坐)의 모습을 취하고 있으며, 여래의 뒷배경에는 잎이 무성한 나무가 등장한다는 것이다. 바로 용화수다.

미륵은 인도와 서역에서는 다리를 교차해 앉은 교각좌 형상이었다. 어떠한 이유로 의자에 앉은 모습으로 변화했고, 그 뒷배경에 나무가 등장하게 됐는지는 정확히 알 수 없다. 그러나 중국 당나라 초기(618~712년)에 미륵하생신앙이 성행하면서, 의좌와 용화수가 미륵여래의 주요 도상적 특징으로 정착된 것으로 보인다[도판8]. 중국에서 미륵 관련 경전이 한역되고 널리 유포되면서, 이에 따른 사상과 신앙이 확산됐다. 이러한 흐름을 전거로 한 미륵상의 조성과 이미지 요소들은 곧이어 한반도에도 전해진다.

한반도의 미륵신앙

한반도에 전파된 미륵신앙은 삼국시대부터 적극 수용돼 신봉되며 불교 건축, 조각, 회화 등에서 다양하고 폭넓게 조성됐다. 고구려의 수도였던 평양 평천리에서 조성된 영강(永康) 7년명 금동광배(고구려 551년)의 뒷면 명문에 '자씨삼회(慈氏三會)'가 적혀 있어, 고구려에 미륵신앙이 전래됐음을 알 수 있다[도판9]. 백제의 경우는 무왕이 도솔천의 내원궁으로 표상되는 사자사가 있는

[도판5] 신구1년명 금동미륵교각좌상, 북위 518년, 일본 후지타미술관(藤田美術館). 출처『미륵과 도솔천의 도상학』, p.106

[도판 6] 미륵정토변상도, 성당(713~765), 중국 돈황석굴 148굴 남벽.
출처『敦煌石窟全集』6卷(敦煌研究院·南務印書館, 2002), p.61

[도판 7] 미륵하생변상도, 중당(766~835), 중국 유림굴 25굴 북벽. 출처 법보신문

[도판 8] 미륵설법도, 초당(618~712), 중국 돈황석굴 322굴 남벽. 출처 敦煌文物研究所, 『中國石窟 – 敦煌莫高窟三』(平凡社, 1981), p.18

 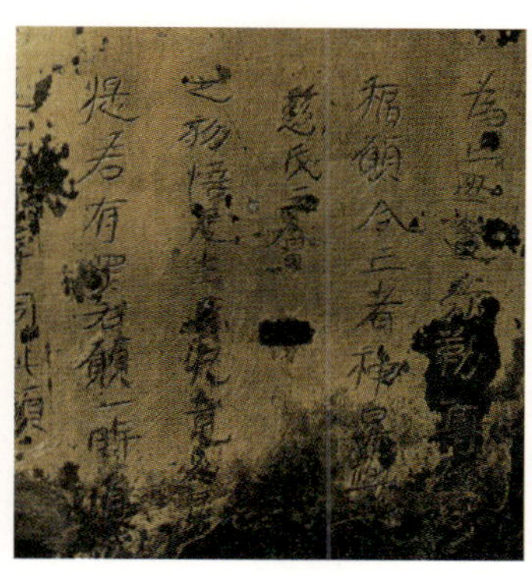

[도판 9] 영강(永康) 7년명 금동광배 앞면(왼쪽)과 뒷면 명문 부분,
고구려 551년, 평양 평천리 출토, 조선중앙력사박물관.
출처 배재호, 『한국의 불상-고구려 백제 신라편』(경인문화사, 2023), p.65

[도판 10] 경주 남산 장창곡 석조미륵여래삼존상(보물),
신라 7세기 중엽, 국립경주박물관. 출처 국가유산청

용화산 아래에 용화삼회를 의식한 3탑 3금당의 가람을 갖춘 미륵사를 창건해, 백제만의 미륵상·하생신앙을 공간적으로 구현했다.

신라는 법흥왕 때 시작돼 진흥왕 5년(544년)에 완공된, 신라 최초의 사원인 흥륜사의 금당에 미륵불상을 봉안했다. 또 국립경주박물관에 경주 장창곡에서 출토된 석조미륵삼존상(신라 7세기 중엽)이 있는데, 이 불상은 선덕여왕 12년경(643년 또는 644년)에 생의 스님이 남산에서 발견해 삼화령에 안치한 것으로, 의자에 앉은 모습이다[도판 10]. 이같이 고구려, 백제, 신라가 각축을 벌였던 삼국시대에 미륵하생신앙이 성행했음을 짐작할 수 있다.

이후 남북국 시대에 미륵을 주존으로 하는 법상종이 성립됐으며, 고려에도 이어져 융성했다. 미륵신앙의 지속적인 성행 속에 미륵하생신앙을 비롯한 상생신앙과 관련된 불교 조각과 회화가 널리 조성됐다. 이러한 사례는 현존하는 작품과 『삼국유사』, 『고려사』 등의 사료를 통해 제법 확인된다.

용화수의 표현

미륵하생신앙의 시각화를 직관적으로 일깨우는 의좌상과 용화수가 등장하는 고려불화가 몇 점 있다. 고려 전기까지는 확인되지 않고, 고려 13~14세기에 제작된 미륵삼존도 1점과 미륵하생변상도 3점이 현재까지 전해온다.

'도판 11·12·13'를 보면, 미륵여래가 의좌의 자세를 취하고 있다. 그 뒤로 용화수로 짐작되는 커다란 나무가 미륵의 설법공간과 시두말성(翅頭末城, 여러 보석으로 된 비단 그물이 위를 덮고 있는 미륵불이 계신 곳)을 보호하듯 하늘의 공간 전체를 덮고 있다. 용화수에 대해『하생경』에서는 다음과 같이 언급하고 있다.

“미륵이 속세에 있은 지 얼마 되지 않아 곧 출가하여 도를 배웠다. 그때 시두성(翅頭城)에서 멀지 않는 곳에 도수(道

樹)가 있으니, 그 이름이 용화(龍花)이다. 용화의 높이가 1유
순에 너비가 5백 보이다. 미륵보살이 그 나무 아래 앉아서
위없는 도과(道果)를 그 밤중에 이룩하였다. 미륵이 출가한
바로 그날 밤에 위없는 도를 이루자, 삼천대천 찰토(剎土)가
여섯 가지로 진동하고, 지신(地神)들이 각각 서로 말하기를,
'이제 미륵이 성불하였네'라 하고…(중략)…미륵 성존은 그
여러 하늘 사람들에게 점점 미묘한 논(論)을 설법하리라…
(중략)…미륵불은 양거왕에게 초선(初善)·중선(中善)·경선
(竟善)의 깊고 깊은 이치를 설법하리라."

이렇듯 미륵하생 경전에서는 용화수를 미륵의 도수(道樹)인 보리수로 인
식하고 있으며, 출가해 용화수 아래에서 도를 닦아 아뇩다라삼먁삼보리,
즉 성불해 여래가 된 후 세 번의 법문을 설하는 모습을 자세히 설명하고
있다. 이처럼 용화수는 미륵하생신앙에서 강조되는 '용화수=미륵의 성
불과 세 번의 설법'을 상징한다.

앞서 언급한 미륵 주제의 고려불화 중 일본 호쿄지(寶慶寺)에 소장된
고려 14세기 미륵삼존도[도판 14]에는 화면 중앙에 크게 자리한 미륵여래
가 의좌를 하고 있으며, 여래의 좌우로 협시보살이 배치됐다. 일명 존상
화이며, 용화수가 생략됐다.

한편, 돈황석굴 미륵하생변상도와 유사한 구성을 갖춘 고려 변상도
는 일본 묘만지(妙滿寺)와 치온인(知恩院) 그리고 고보자구죠인(五坊寂靜
院)에 각각 소장돼 있다. 고려 14세기 초반에 제작된 것으로 추정되는 치
온인 소장본[도판 11]과 고려 1350년 작 고보자구죠인 소장본[도판 12]은
화풍에서 차이가 확연하나, 화면의 구도와 도상의 짜임새가 거의 비슷
해, 동일 밑그림을 바탕으로 그려진 듯하다.

반면, 고려 1294년 작 묘만지 소장본[도판 13]은 이들 2점보다 화폭의
가로 세로가 크고, 기존에 알려진 도상에 더해 다양한 모티프가 추가됐다.
화면 요소요소에 방제(傍題, 도상의 세부 제목)가 있어 불화의 전체적인 윤곽

[도판 11] 미륵하생변상도, 고려 13세기 후반,
일본 치온인(知恩院).
출처 『고려시대의 불화』(시공사, 1997), 도62

[도판 12] 미륵하생변상도, 고려 1350년,
일본 고보자구죠인(五坊寂靜院).
출처 『고려시대의 불화』, 도61

[도판 13] 미륵하생변상도, 고려 1294년,
일본 묘만지(妙滿寺).
출처 『宋元佛畫』(京都國立博物館, 2025), 도96

[도판 14] 미륵삼존도, 고려 14세기, 일본 호쿄지(寶慶寺).
출처 『고려시대의 불화』, 도64

과 구체적인 내용 파악이 보다 용이하다.

그림의 구성은 크게 두 부분으로 나뉜다. 하단에는 미륵하생 경전인 『하생경』, 『하생성불경』, 『대성불경』의 내용을 적절히 혼합해, 미륵이 하생한 곳으로 알려진 염부제 내 시두말성의 장엄한 모습과 민중의 생활상을 묘사했다. 상단에는 미륵여래가 용화수 아래에서 의좌한 채 중생들을 구제하기 위해 설법하는 장면이 그려져 있다. 용화수의 형상은 경전의 내용을 바탕으로, 고려 특유의 미감으로 함축적이면서도 세밀한 필치로 묘사됐다[도판 15].

화림원

1294년에 제작된 묘만지 소장본[도판 16]에는 다른 두 점의 작품에는 보이지 않는 강렬한 붉은색의 건물이 용화수 뒤에 있어 눈길을 끈다. 아마도 전각으로 보이는데, 『대성불경』에 이와 관련된 내용이 확인된다.

> "그때에 미륵불은 96억의 큰 비구 무리들과 함께 있었고, 양거왕과 8만 4천의 대신들, 비구들, 권속들에게 둘러싸인 모습이 마치 월천자가 별들을 거느리고 나서는 것과 같았다. 이들은 시두말성을 나섰다가 화림원의 중각강당으로 돌아왔다. 그때 염부제에 있는 성읍과 마을의 작은 나라 왕들

[도판 15] '도판 13'의 용화수 부분. 사진 류상수

[도판 16] '도판 13'의 화림원 중각강당 부분.
출처 『宋元佛畵』(京都國立博物館, 2025), 도96

과 장자들을 비롯한 사성 계급의 모든 사람들이 용화수 아래
의 화림원에 모여들었다."

경전에는 미륵이 설법을 위해 화림원(華林園)의 중각강당(重閣講堂)으로
돌아오는 장면이 묘사돼 있다. 묘만지 소장본의 화려한 전각은 용화수
가 있는 화림원의 중각강당을 표현한 것임을 알 수 있고, 그림에서는 하
생신앙의 공간성을 보다 강조한 것으로 보인다. 미륵여래의 하생 공간에
대한 세세한 부분까지 그려냄으로써 보는 이로 하여금 마치 실제 미륵여
래의 설법 공간에 와 있는 듯한 시각적 리얼리티를 제공한다. 동일한 밑
바탕 속에 피어난 묘만지 소장본만의 독창성이다.

지금까지 미륵 관련 경전 텍스트와 시각 매체를 통해, 용화수가 미륵
하생신앙의 상징물임을 살펴봤다. 왜 중생들은 용화수에 이러한 큰 의미
를 부여했을까?

석가모니가 여래로 존격이 높아져 중생 제도의 길로 나서는 출발점
이 바로 보리수였다. 미래의 석가여래인 미륵이 미래의 보리수인 용화수
아래에서 수행을 시작해 성불한 뒤, 혼탁한 세상의 중생을 구원하는 날
이 하루속히 오길 바라는 사람들의 희망이 투영된 것은 아닐까.

용화수는 단순히 미륵이 인간 세계에 내려와 성불해 설법한다는 신
앙적 공간만을 의미하는 것은 아니다. 이는 석가모니가 속세의 왕에서
부처가 되어 중생을 구제했던 그때가 다시 한번 도래하길 바라는 염원의
산물이다.●

__________ 류상수

국가유산청 문화유산감정위원, 경상남도 문화유산위원회
전문위원, 동아대학교 역사문화학부 고고미술사학 전공
강사이다. 일본 규슈(九州)대학에서 박사과정을 수료했고,
동아대학교에서 박사학위를 취득했다. 박사논문은
「고려후기 변상도에 보이는 불교행례와 시각적 표상
연구」이다. 중국 송원대 불교문화사를 중심으로 한
동아시아적 관점에서 고려불화의 위상과 특징을 조명하는
연구를 진행하고 있다.

절집 나무의 전설

글. 김남수
사진. 유동영

사찰에는 유난히 은행나무가 많이 심어져 있다.
은행나무 종자는 나풀거리는 바람도, 지저귀는 새들도,
벌레와 짐승도 퍼뜨리지 못한다. 은행나무는 오로지
사람의 손을 타야만 후손을 남길 수 있다. 그렇기에
우리나라 지천에 널린 은행나무 역시 누군가의 손길에
의해 처음 옮겨졌을 것이다. 은행나무는 '공자가
은행나무 아래서 제자를 가르쳤다' 해서 성균관과
서원에도 많이 심어졌다. 그런데 공자가 제자를
가르쳤던 곳은 본디 살구나무라 한다.

은행나무는 고려시대 '압각수(鴨脚樹)'라는 이름으로
처음 등장한 후에 '은행(銀杏)'이라는 이름을 갖게
됐다. 주로 우리나라와 중국, 일본에서 자란다. 지금의
은행나무는 양쯔강 이남에서 온 것으로 추정된다.
양쯔강 남쪽의 은행나무가 사찰로 퍼지고, 이 나무의
종자가 고려시대 어느 스님의 손길을 타고 우리나라로
전래된 것으로 추측하고 있다. 스님과 사찰이 은행나무
전파와 재배에 중심 역할을 한 것이다.

청도 운문사 은행나무는 특이하게 두 그루다.
부처님이 열반하실 때, 사라나무 두 그루가
지켜봐서일까? 매년 삼월 삼짇날 무렵이면,
스님들이 은행나무와 처진 소나무에 막걸리를
뿌린다. 스님들의 수행처 안에 있어
관람할 수 있는 날이 제한된다.

강화도 전등사의 은행나무 두 그루에는 슬픈 전설이 깃들어 있다.
조선 후기 정부에서 전등사에 은행 공출을 과하게 요구하자, 스님들이 3일 기도를 드렸다.

기도를 마치자 맑은 하늘에 먹구름이 몰려 오더니 우박이 쏟아졌다.
기도를 드리던 스님은 간데없이 사라졌고, 은행나무는 더 이상 열매를 맺지 않았다.

치악산을 지키는 구룡사에도
은행나무 한 그루가 서 있다.
은행나무는 무려 1억 년 전부터
현재까지 그 모양을 유지하고 있다.
그래서일까? 구룡사 은행나무를
'화석나무'라 칭하는 사람도 있다.

영동에 있는 천태산 영국사 은행나무.
우리나라에서 가장 오래된 은행나무 중
한 그루다. 절이 창건될 때 심은 나무라 한다.
나라의 큰일이 있을 때 미리 울음소리를 낸다
하며, 마을의 당산나무로 기려진다.

수종사 은행나무. 조선시대 세조는 어느 날 운길산 근처에서 하룻밤을 묵게 됐다.
깊은 밤, 잠자리에서 청아한 종소리가 들려왔다. 세조가 신하들에게 조사를 명하자,

신하들은 "강 건너 동굴에 열여덟 나한이 줄지어 앉아 있고, 종소리는 바위틈에서 물 떨어지는 소리"라 했다.
이에 세조는 '물 수(水)'와 '쇠북 종(鐘)'을 써 수종사라 이름 짓고, 절 마당에 손수 은행나무를 심었다.

해남 대흥사 연리목. 천불전 아랫길에 800년 된
느티나무 두 그루가 서 있다. 보통의 연리목은
줄기가 붙어 있는데, 이 나무는 뿌리가 함께 있어
'연리근(連理根)'이라 부른다. 두 나무의 뿌리가 서로
이어져 한 몸이 됐으니 '사랑의 나무'라 하겠다.

서울 호압사 느티나무. 아름드리나무는 보통
절 입구에 있는데, 호압사 느티나무는 두 그루가
절 마당을 지키고 있다. 조선 건국 당시 '범의 기운'을
누르기 위해 호압사를 세웠다 한다. 느티나무의
수령이 절의 역사보다 길 것으로 추정된다.

부여 가림성에 있는 사랑나무. 느티나무의 나뭇가지 모양이 하트 모양이라 '사랑나무'라는 이름을 가졌다.
산성 바로 밑으로 대조사가 있다.

버들가지를 든
관음보살

특집. 깨달음의 나무, 사유수
글. 정진희

불교미술 속 버드나무

생명의 상징, 버드나무

버드나무는 물을 좋아하고 물 가까이 살며 수질 정화 능력이 뛰어나다. 버드나무의 꽃인 버들강아지는 우리에게 봄이 왔음을 알려주는 상징이며, 하늘하늘 봄바람에 나부끼는 버들가지는 여인의 아름다움에 비유되기도 한다.

버드나무는 줄기와 뿌리를 거꾸로 심어도 잘 자라나는 습성이 있어 왕성한 생명력과 번식력을 상징한다. 망자(亡者)의 입속에 불린 쌀을 떠 넣는 반함(飯含)에 버드나무 숟가락을 사용하는 이유는 사후의 재생을 기원하기 때문이다.

버드나무는 양(楊)·류(柳) 종을 포함해 500여 종이 있다. '양(楊)'은 왕버들처럼 넓은 잎을 가지고 나뭇가지가 위로 자라나는 종이며, '류(柳)'는 능수버들·수양버들처럼 잎이 가늘고 아래로 가지가 처지는 종을 말한다. 다른 나라에 비해 우리나라에서 자라는 버드나무의 종이 훨씬 다양하다고 하니, 한반도는 버드나무가 자라기 적합한 곳인가 보다.

왕버들 고목은 나무 속이 잘 썩고, 그 구멍 속에 죽은 벌레들에서 나온 인(燐)이 있어 비 오는 밤에는 푸른 빛을 낸다. 그래서 귀신이 사는 버들이란 뜻으로 '귀류(鬼柳)'라 불렀다. 이와 반대로 양기가 충만한 오월의 버드나무를 꺾어 문 위에 걸어두는 풍습은 사귀(邪鬼)를 쫓는 벽사의 의미 때문이다.

과거에는 학질 환자의 나이만큼 버들잎을 따서 봉투에 넣고 '유생원 댁입납(柳生員宅入納, 버드나무 생원 집에 편지를 부침)'이라고 써서 봉한 뒤 길거리에 버리곤 했다. 이 봉투를 누군가 줍거나 밟으면 그 사람에게 학질이 옮겨 간다고 믿었기 때문이다. 실제 버드나무 잎은 아스피린의 원료이기도 하다. 이집트인들은 소염진통제로 사용했고, 히포크라테스도 임산부가 통증을 호소하자 버드나무 잎을 씹으라는 처방을 내렸다.

버드나무가 그려진 정병

불교미술에 등장하는 버들은 가지가 아래로 처져 있으니, 기이한 형상으

경산 반곡지 왕버드나무.

[도판 1] 청동 은입사 포류수금문 정병(국보), 고려 12세기, 국립중앙박물관.

[도판 2] '도판 1' 부분.
언덕 위로 길게 늘어진 버드나무와
그 사이로 날아오르는 새들.

[도판 3] '도판 1' 부분.
부들이 자라난 흙 언덕 아래
어부와 낚시꾼들.

로 늙어가는 왕버들이 아니라 호리낭창하니 아래로 처진 가지가 바람에 흔들리는 수양버들인 것 같다.

국립중앙박물관에는 청동으로 만들어진 정병(淨瓶)에 홈을 파서 그 틈에 은실(銀絲)로 문양을 새겨 넣은 고려시대 청동병이 있다[도판1]. 정병은 범어로 '쿤디카(kundika)'라고 하는데 원래 인도에서 스님들이 개인이 마실 물을 담아두는 수행 도구였다. 우리나라에 불교와 함께 전해진 정병은 부처님께 공양할 깨끗한 물인 정수(淨水)를 담는 용기로, 중생의 고통과 목마름을 해소해 주는 감로수(甘露水)와 같은 함축적 의미를 담고 있어 '보병(寶瓶)'이라고도 한다.

국립중앙박물관에 소장된 정병에는 물가의 낮은 언덕 위로 바람에 흔들리는 갈대와 가지가 늘어진 수양버드나무가 있다. 그 사이로 새들이 날아오르는 서정적인 풍경을 문양으로 묘사했기 때문에 '포류수금문(蒲柳水禽紋)'이라는 명칭이 붙었다.

둔덕 위 구부러진 줄기에 자라난 버드나무 가지는 바람을 따라 부드럽게 흔들리고[도판2], 부들이 빽빽이 자라난 흙 언덕 아래로는 수면에 떠 있는 물새를 잡으려는 듯 막대를 이리저리 흔드는 인물들이 배를 타고 우왕좌왕 하느라 정신이 없다[도판3].

포류수금 문양은 고려에서 유행한 독특한 문양이다. 고려의 문화가 서서히 절정을 향해 나아가던 11세기 즈음에 만들어진 이 정병은 문양에서 보이는 정교한 구성력과 완성도로 정병 가운데 단연 수작으로 꼽는다.

불화에서는 정화(淨化)라는 꽃말을 가진 버드나무와 감로수를 담은 정병이 함께 등장하는 경우가 많다. 굶주린 아귀에게 베푸는 시식의례(施食儀禮)에서 정병과 버드나무 가지는 법구(法具)로 사용되는 주요한 준비물이다. '단 이슬'이라는 뜻을 가진 감로(甘露)를 아귀에게 베푸는 그림인 감로도(甘露圖)의 화면 중단에 마련된 시식단 위에는 공양물과 함께 의례처를 정화하는 물이 담긴 정병이 있다[도판4].

조선 후기 대부분의 감로도는 의식단 앞에 버드나무 가지와 발우를

[도판 4] 감로도의 제단, 1580년, 개인 소장 감로도 부분.

[도판 5] 의례집전승, 1790년, 용주사 감로도 부분.

들고 의식을 진행하는 승려가 그려져 있다. 1790년 상겸 스님이 그린 용주사 감로도는 도난됐다가 환지본처(還至本處)된 귀중한 문화유산이다. 시식단 앞에 그려진 집전승의 오른손에는 정화수가 담긴 발우가 들려 있고, 펼쳐 든 왼손에는 정수를 뿌리는 용도로 버드나무 가지를 쥐고 있다[도판5]. 불화승 상겸은 버드나무 가지로 청정한 정수를 도량에 뿌리며 공양물을 감로로 변화시켜 아귀에게 베푸는 의식 절차를 이어 나가는 의식승의 형상을 실감 나게 잘 그려냈다.

버드나무를 든 관음보살

觀音菩薩大醫王(관음보살대의왕)

甘露瓶中法水香(감로병중법수향)

灑濯魔雲生瑞氣(쇄탁마운생서기)

消除熱惱獲淸凉(소제열뇌획청량)

관음보살님은 대의왕이시라.

감로병에 든 법의 물 향기로

마의 구름 씻어 상서로운 기운을 생하며

뜨거운 번뇌를 없애 청량함을 얻게 하네.

이 글귀는 관음보살을 모신 전각인 원통전(圓通殿) 주련에 쓰여 있는 『작법귀감(作法龜鑑)』의 '쇄수게(灑水偈)'이다. 관세음보살은 병을 고치는 의왕으로 병에 담긴 감로수의 향(香)을 뿌려 어둡고 탁한 기운을 상서로운 생기로 바꿔 번뇌를 없애 맑고 깨끗하게 만든다. 이같이 관세음보살은 버드나무 가지를 법구로 이용해 법향을 온 세상에 뿌려 정화한다.

고려시대 관음을 그린 불화는 공교하고 기품 있는 화풍으로 타의 추종을 불허한다. 관세음보살은 울퉁불퉁한 바위들로 산세가 험하기로 유명한 보타락가산의 금강보석(金剛寶石)에 부들방석을 깔고 한 다리를 접어 반가부좌 자세로 앉았다. 관세음보살이 고개를 숙이고 지긋이 내려보는 모습은 시선의 끝에 선재동자가 있기 때문이기도 하지만, 실은 물에 비친 달의 그림자를 바라보는 것이기 때문에 그림의 제목은 수월관음도 (水月觀音圖)이다.

당나라 시기에 만들어진 수월관음 도상은 송나라와 원나라 때 특히 유행했다고 하는데, 남겨진 작품들을 보면 고려시대 수월관음도의 도상 과는 조금 다른 형태들이다.

수월관음도에서 빠지지 않고 등장하는 중요한 모티프가 버드나무가 꽂힌 정병이다. 바위에 관음이 걸터앉은 모습으로 묘사된 고려 수월관음 도에서 보살은 버들가지와 정병을 손에 들지 않고 정병에 버들가지를 꽂 아 정갈해 보이는 장소에 따로 놓아뒀다. 1323년 서구방이 그렸다는 화 기가 남아 있는 수월관음도에는 흰빛이 도는 사라가 거의 나신인 상체를 감싸고 흘러내리며, 팔에는 구슬과 보석 장신구를 하고 염주를 쥔 오른 손 가까이에 버들가지가 꽂힌 정병이 놓여 있다[도판6].

주전자를 담는 사발을 승반(承盤)이라 하는데, 불화에서 잎이 풍성한 버들가지가 꽂혀 있는 정병은 당시에는 매우 귀한, 안이 보이는 투명한 유리 승반에 놓여 있다[도판7].

중국 돈황 석굴에서 발견된 수월관음도 중에는 두 손에 버들가지와 정 병을 들고 있는 작품도 있다. 이를 두고 학계에서는 양류관음도가 수월 관음도의 도상 구성에 영향을 준 것으로 풀이한다. 북송(968년) 때 그려 진 수월관음도는 오른손에는 버들가지를 왼손에는 정병을 들었는데 화 면에 기록된 제목은 '나무대비구고수월관음보살(南無大悲救苦水月觀音菩 薩)'이다.

일본 치온인(知恩院)에는 1550년 전라남도 도갑사에서 그려진 관음 33응신도가 있다. 『묘법연화경』에 기반을 둔 이 불화는 '관세음보살이 언제 어디서나 중생의 부름에 답하여 그에 걸맞은 모습으로 나타난다'는 내용을 그림으로 도해했다.

[도판6] 수월관음도, 1323년, 일본 도쿄 센오쿠하쿠코칸(泉屋博古館).

[도판7] ‘도판6’의 정병과 버들가지 부분.

[도판 8] 양류관음도, 1300년대 전후, 일본 도쿄 센소지(淺草寺).

　33응신 가운데 제1위가 정병에 담긴 감로수를 중생에게 뿌려 정화한다는 양류관음이다. 양류관음은 손에 버들가지와 정병을 가진 형상으로 묘사되는데, 정병에 담긴 물에 버들가지를 적셔 중생을 향해 흔들면 아프고 고통에 빠진 이들이 모두 휴식을 얻고 몸이 청량해져 모든 병이 낫는다.

　5세기 초 번역된『청관세음보살소복독해다라니주경(請觀世音菩薩消伏毒害陀羅尼呪經)』에는 다음과 같은 내용이 나온다.

　바이샬라국에 역병이 돌아 백성들이 질병 속에서 허우적대고 있었을 때 사람들은 석가모니 부처님에게 이 고통을 벗어날 수 있는 방책을 물었다. 부처님은 서방에 무량수불과 관음, 세지보살이 있으니 이 불보살님께 열심히 기도하라고 일러줬다. 그 말을 따라 관음보살에게 '버들가지와 깨끗한 물(楊枝淨水)'을 바치며 관음보살의 이름을 부르자, 보살이 나타나 모든 고통과 재해를 없애는 다라니를 가르쳐 줬다고 한다.

　버들가지와 정병을 들고 있는 양류관음의 도상은 이 경전에 근거하며, 6세기 말경에 처음 제작됐다. 고려시대 불화에서는 아미타 부처님의 협시보살로 함께 그려진 관음보살 가운데 정병과 버드나무 가지를 손에 들고 있는 양류관음이 드물지 않게 등장한다. 양류관음을 그린 도상 가운데 백미(白眉)는, 혜허가 그렸다는 '해동치납혜허필(海東癡衲慧虛筆)' 기록이 있는 양류관음 한 분만을 그린 불화다[도판 8]. 발 아래 두 손을 모으고 예를 다하는 선재동자의 간곡한 요청에 모습을 나타낸 보살은 고요하고 온화한 눈길로 선재보살을 바라보며 왼손에는 정병을 오른손에는 버들가지를 들고 서 있다.

　엄숙하고 성스러운 분위기가 감도는 배경에 그려진 관음보살의 커다란 물방울과 같은 광배는 마치 한 방울의 정화수 같기도 하고, 좁고 길쭉한 버드나무 잎처럼 보이기도 한다. 과감하게 화면을 가득 채우고 있는 광배는 마치 불국토에 계신 관음보살이 중생들의 기도에 감응해 세상에 몸을 나투는 통로 같기도 하다. 가냘프고 고운 엄지와 중지로 잎이 달린 가느다란 버드나무 줄기를 들고 있는 모습은, 정화수를 적신 버들가지를 흔들어 세상 모든 중생의 고통을 구원해 주는 의미를 담고 있다[도판9].

"버들꽃을 따는구나"

수행자 마음의 티끌과 번뇌를 털어낸다는 의미를 담은 '불자(拂子)' 역시 불교의식에서 주술적 의미의 물을 뿌리는 도구로 사용된다. 버드나무 껍질로 불자를 만들어 사용하면서 점차 버들가지 불자를 들고 있는 관음의 형상이 생겨난 것으로 추정하기도 한다.

조주 선사에게 어느 스님이 안거를 마치고 해제일에 이르러 세상의 불법을 배우러 떠나겠다고 하직 인사를 드렸다. 이때 조주 스님이 말씀하시기를 "부처가 있는 곳에도 머물지 말고, 부처가 없는 곳은 급히 달아나라. 만약 삼천리 밖에서 사람을 만나거든 섣불리 나서지도 말라" 하셨다. 그 말을 듣고 어린 스님이 길을 떠나지 않겠다고 하자, 조주 스님이 말씀하셨다.

"버들꽃을 따는구나(摘楊花), 버들꽃을 따는구나."

이 이야기는 조주 스님이 남기신 적양화 화두에 대한 내용이다. 왜 조주 스님은 그 많은 꽃 가운데 버들꽃을 딴다고 하셨을까? 사부대중 모두가 번뇌와 욕망을 끊고 이 의심의 답을 확철대오(確徹大悟)하는 인연이 있기를 기원한다. ●

——— 정진희
국가유산청 문화유산감정위원, 경상남도
문화유산위원회 위원, 강원특별자치도
문화유산위원회 위원이다. 동국대 미술사학과
석·박사 과정을 마쳤다. 논문으로 「한국
치성광여래 신앙과 도상연구」 등이 있고 저서로
『치성광여래 신앙과 도상으로 살펴본 한반도
점성신앙』이 있다.

우리는 모두
나무의 후손

특집. 깨달음의 나무, 사유수

글. 조경철

단군은 신단수의 아들일까?

단군은 웅녀의 아들일까, 아닐까? 이 질문을 의아스럽게 생각할지 모르겠다. 우리에게 널리 알려진 단군신화 이야기는 일연 스님이 지은 『삼국유사』에 실려 있다.

환인의 아들 환웅이 '홍익인간'의 뜻을 받들어 태백산 신단수 아래로 내려와 새로운 세상을 다스릴 신령스러운 도시, 즉 신시(神市)를 열었다. 이때 곰과 범이 같은 동굴에 살고 있다가 환웅을 찾아가 사람이 되게 해달라고 했다. 환웅은 곰과 범에게 쑥과 마늘을 먹고 100일 동안 햇빛을 보지 말라고 했다. 범은 중간에 견디지 못하고 뛰쳐나갔지만 곰은 끈질기게 견뎌 삼칠일(21일) 만에 사람이 됐다. 사람이 된 곰, 웅녀는 신단수에 가서 아기를 갖게 해달라고 빌었고, 사람으로 변신한 환웅과 결합해 단군을 낳았다. 단군은 우리나라 최초의 국가 고조선을 세웠다.

우리나라 역사상 신령스러운 나무에 소원을 빈 최초의 인물은 웅녀였고, 나무는 그 소원을 들어줬다. 웅녀가 빌었던 나무가 '신단수(神壇樹)'라는 이름을 얻게 된 것은, 환인의 아들 환웅이 하늘에서 내려온 곳이 바로 태백산 위의 나무였기 때문이다. 그 이후로 우리 어머니들은 수천 년 동안 나무 아래서 아들 낳기를 기원해 왔다.

그런데 단군신화에서 한 가지 의문이 생긴다. 환웅은 사람이 되고 싶은 곰과 범에게 100일 동안 햇빛을 보지 않고 쑥과 마늘을 먹으면 사람이 될 수 있다고 했다. 그러나 이 조건은 겨울잠을 자는 잡식성의 곰에게는 견뎌낼 만한 제안이지만, 활동적이고 육식성인 범에게는 불합리한 제안이다. 왜 환웅은 범에게 불리하고 곰에게 유리한 조건을 제시했을까? 혹시 환웅은 범이 중간에 뛰쳐나가리라는 것을 미리 알고 있었던 것은 아닐까? 또 범은 왜 그 조건이 부당하다고 문제를 제기하지 않고 묵묵히 받아들였을까?

곰과 범의 사랑 이야기

『삼국유사』에서는 범과 곰이 한 동굴에 살았다는 표현을 '동혈이거(同穴而

강화도 마니산 참성단에 있는 소사나무. 천연기념물로 지정됐다. 참성단은 단군이 직접 하늘에 제사를 올린
곳으로 전해진다. 바위산 정상에 마련된 제단을 홀로 지키고 있다.

居)’라고 했다. 동혈은 ‘같은 동굴’을 의미하기도 하지만 ‘같은 무덤’을 말하기도 한다. 같은 무덤을 쓰는 부부를 일컫는 ‘동혈지우(同穴之友)’란 말도 있다.

『삼국유사』에는 직접적으로 부부를 뜻하는 ‘동혈지우’란 말이 나온다. 승려 조신이 지방에 부임한 태수의 딸을 좋아하여 꿈을 꾸게 된다. 어느 날 예쁘게 단장한 태수의 딸이 자기에게 다가와 자신도 스님을 좋아했다고 하면서 ‘동혈지우’의 인연을 맺자고 한다. 꿈속에서 부부의 인연을 맺고 수십 년을 보낸 뒤 꿈에서 깨보니 하룻밤 사이에 머리가 하얗게 변해 있었다. 깨어나자마자 꿈속에서 죽은 자식을 묻은 곳을 찾아가 파보았고, 그 자리에서 돌미륵이 나왔다. 조신은 그 돌미륵을 모시고 평생 수행했다는 이야기다.

조신의 이야기에 나오는 ‘동혈지우’란 말을 생각해 보면, 단군신화에 나오는 ‘동혈이거’를 통해 범과 곰이 서로 사랑하는 사이였다고 추정해 볼 수 있다.

물론 단군신화는 범 토템족과 곰 토템족이 혼인 관계를 맺으며 형성한 부족 연합의 서사이지만, 범과 곰이 서로 사랑한 이야기로 해석될 수도 있다.

같이 살 수 없는 곰과 범을 한 동굴에 집어넣는 것부터 이상하다. 동거하고 있던 곰과 범은 동굴을 나와 환웅을 찾아가 사람이 되게 해달라고 빌었다. 그들의 바람은 어쩌면 단순했다. 범과 곰으로는 이룰 수 없는 사랑을, 사람이 되어서 이루고자 한 것은 아니었을까?

사정이 이렇다면 곰과 범이 같은 동굴에 살고 있다는 설정은, 둘이 사랑해서 동거를 한 것으로 볼 수도 있다. 그러나 둘의 사랑은 영원할 수 없었다. 세대를 이을 수 없기 때문이다. 둘의 사랑이 영원하기 위해서는 곰이 범이 되거나, 범이 곰이 돼야 했다. 아니면 곰도 범도 아닌 제3의 종족, 즉 인간이 돼야 했다.

이렇게 생각해 보니 범이 문제를 제기하지 않는 것도 이해할 만하다. 곰을 사랑한 범은 무슨 일이든지 해낼 수 있다고 생각했을 것이다. 하지만 사랑에도 한계가 있는 법이다. 범이 중간에 뛰쳐나간 것도 자신의 의지가 아니었을 것이다. '범'으로서는 어쩔 수가 없었던 것이다.

사람들은 곰은 참을성이 있고, 범은 참을성이 없다고 말하곤 한다. 하지만 범은 억울하다. 범은 참을 만큼 참고, 범은 견딜 만큼 견딘 것이다. 참지 못할 조건을 내걸고 그것을 지키지 못했다고 욕하는 것은 온당치 못하다.

더구나 곰은 약속된 100일이 아니고 21일 만에 사람이 됐다. 처음부터 21일을 제시했다면 범이 견뎌냈을지도 모를 일이다. 범을 탓할 것이 아니라, 불합리한 조건을 내밀고 그 기간을 임의로 단축한 환웅을 먼저 탓해야 하지 않을까? 만약 처음부터 21일을 조건으로 해서 범과 곰이 모두 사람이 됐다면 곰은 누구의 아들을 가졌을까?

사실 환웅은 범과 곰이 사람이 되고자 했을 때, 범은 안중에도 없었다. 오직 곰만 생각하고 있었다. 그래서 범이 도저히 견딜 수 없는 제안을 했다. 결과는? 환웅은 곰이 변한 웅녀와 혼인해 단군을 낳았다.

나무의 아들, 단군

『삼국유사』에 나오는 단군신화의 주인공은 범과 곰이지만, 또 다른 단군신화를 전하는 같은 시기의 『제왕운기』에는 범과 곰이 등

우리나라 역사상 신령스러운 나무에 소원을 빈 최초의 인물은 웅녀였고, 나무는 그 소원을 들어줬다. 웅녀가 빌었던 나무가 '신단수(神壇樹)'라는 이름을 얻게 된 것은, 환인의 아들 환웅이 하늘에서 내려온 곳이 바로 태백산 위의 나무였기 때문이다.

고구려 고분 각저총(角抵塚) 벽화. 출처『고구려 고분벽화』(문화재청, 2004년)
씨름하는 두 사람 옆으로 신단수처럼 보이는 한 나무에 범과 곰이 기대어 있다.

각저총 벽화의 곰과 호랑이 모사도, 한성백제박물관.

장하지 않는다. 환인의 아들 환웅이 태백산 신단수에 내려왔다고만 나온다. 그리고 환인이 자신의 손녀에게 약을 먹여 사람으로 변하게 한 다음 '단수신(檀樹神)'과 혼인시켜 단군을 낳았다고 한다. 사람들은 '단수신'을 말 그대로 '신령한 나무 신'이라고 해석한다. 그럼 단군은 나무의 아들이 되는 것이다.

그런데 필자는 '단수신'이 단순히 나무 신이 아니라 환웅이었을 것으로 생각한다. 환인의 아들 환웅과 환인의 손녀 간의 결합은 삼촌과 조카의 근친혼이 되므로 이를 숨기고자 했던 것이다. 환웅이 태백산 신단수 아래 내려왔으므로 사람들은 당연히 환웅을 신단수의 신, 곧 단수신이라고 불렀을 것이다. 즉 『삼국유사』 환웅의 신단수나 『제왕운기』 환웅의 신단수는 환웅이 머문 곳이므로 둘 다 모두 환웅이 단수신 역할을 한 것이다. 『삼국유사』에 빗대면, 웅녀가 신단수에게 아기를 갖게 해 달라고 빈 것도 곧 환웅과 결혼하고 싶다는 의사 표현이다.

'신단수'는 『삼국유사』에서 神壇樹라 했고, 『제왕운기』에는 神檀樹로 기록한다. 『삼국유사』의 단(壇)은 '제단 단', 『제왕운기』의 단(檀)은 '박달나무 단'이다. 신단수[환웅]의 아들인 '단군'도 『삼국사기』에는 壇君으로 나오고 『제왕운기』에는 檀君으로 적었다. 壇과 檀은 의미상 비슷하다. 신령스러운 나무가 있는 곳에 제단을 설치해 하늘에 제사 드리기 때문이다. 제단을 강조하면 壇이 되고 나무를 강조하면 檀이 된다. 지금은 보통 단군신화 이야기는 『삼국유사』를 따르나, 신단수나 단군의 이름은 『제왕운기』를 따라 檀이 들어간 神檀樹나 檀君으로 부르고 있다.

이제 범 이야기를 할 차례가 왔다. 만약 범과 곰이 모두 사람이 됐다면 단군은 누구의 아들이었을까. 단군신화에 『삼국유사』의 곰과 환웅의 버전도 있고, 『제왕운기』처럼 신[환인]의 손녀와 단수신의 버전도 있지만, 범과 곰의 사랑 이야기로 해석될 수 있는 버전도 있다. 조선시대 자료인 『묘향산지』에 인용된 「제조대기」에 나오는 이야기다.

> "환인의 아들 환웅이 태백산 신단 아래로 내려와서 살았다.
> 환웅이 어느 날 백호와 교통하여 아들을 낳으니 바로 이분
> 이 단군이다."

「제조대기」는 백호가 환웅과 교통하여 아들을 낳았다고 한다. 단군이 곰의 아들이 아니고 범의 아들이 된다. 그런데 여기서 환웅의 한자 표기가 특이하다. 『삼국유사』나 『제왕운기』에 나오는 '환웅'은 '영웅 웅' 자가 들어간 桓雄이다. 그런데 『묘향산지』 「제조대기」에 나오는 환웅은 '곰 웅' 자가 들어간 桓熊이다. 즉, 환웅은 곰이었다. 그렇다면 단군은 곰과 범의 아들이 된다.

사람이 된 범은 곰신인 신단수 앞에서 아들을 갖게 해달라고 빌었을 것이다. 곰[신]은 사람으로 변해 호녀(虎女)와 결합해 단군을 낳았을 것이다. 앞서 『삼국유사』에서 범과 곰의 사랑으로 이야기를 풀어본 적이 있는데 필자와 비슷한 생각을 가졌던 사람이 옛날에도 있었던 것 같다.

호작도(虎鵲圖), 조선시대, 국립중앙박물관.

곰과 호랑이를 이어주는 신단수

단군신화 이야기를 들려주다 보면 이런 질문을 받기도 한다. "우리가 곰의 후손이면 곰 이야기가 많아야 할 텐데, 왜 곰 이야기는 하나도 없고 범 이야기만 넘치는가?" 그러면 필자는 범과 곰의 사랑 이야기로 대답한다. 원래 곰의 첫사랑은 범이었다. 역사는 환웅을 만난 웅녀의 결합으로 흘러 갔지만, 웅녀의 잠재의식 한편에는 항상 범이 자리 잡고 있었다. 그래서 곰의 후손인 우리 마음속에 범에 대한 사랑이 수많은 범 이야기를 만들어 낸 것은 아닐까. 항상 범을 곁에 두고 싶은 마음이 범 이야기를 많이 만들어낸 것이다.

단군신화의 주인공인 신단수, 곰, 범과 관련해 고구려 고분벽화 그림에도 비슷한 내용이 나온다. 각저총은 씨름 그림으로 인해 붙여진 이름인데 씨름하는 바로 옆에 신단수처럼 보이는 한 나무가 서 있다. 그 나무 밑동을 가운데 두고 범과 곰이 나무에 기대어 있는 모습을 볼 수 있다. 학자들은 고조선의 단군신화가 고구려에 전해져, 이와 같은 고분벽화가 그려지게 됐다고 보고 있다.

호작도 이야기

과거에는 민화의 형태로 호작도(虎鵲圖)가 많이 그려졌다. 호작도에 그려진 범과 까치는 최근 세계적인 인기를 끌고 있는 넷플릭스 애니메이션 〈케이팝 데몬 헌터스(KPop Demon Hunters)〉에도 등장해 전 세계 사람들의 관심을 끌고 있다. 그런데 호작도에 나오는 호랑이는 김홍도의 〈송하맹호도〉 속 호랑이처럼 용맹해 보이지 않는다. 어딘가 힘이 없고 나약하고 둔한 모습으로 등장한다. 사람들은 호작도의 이런 범을 당시 가혹한 정치를 일삼는 지배층을 풍자한 것이라고 보기도 한다.

그런데 필자는 이런 비유가 정당하지 않다고 생각한다. 호랑이가 무서운 것은 호랑이의 천성이다. 반면 사람이 가혹한 것은 천성이 아니기 때문이다. 『맹자』에 '가정맹어호(苛政猛於虎)'라는 말이 있다. '가혹한 정치는 호랑이보다 무섭다'라는 뜻이다. 우리 역사에 큰 영향을 끼친 『맹자』에서 가혹한 정치를 호랑이에 비유했는데, 이것이 범에 대한 잘못된 인식을 심어준 계기가 된 것으로 보인다. 호랑이가 가혹하다는 이미지는 우리의 정서와는 너무 멀다.

호작도의 호랑이는 이야기 속 호랑이를 그림으로 불러낸 것이다. 바보처럼 보이지만 그렇다고 우리가 호작도의 범을 미워하지는 않는다. 호작도의 주요 등장 요소는 범, 까치지만 늘 나무도 함께 등장한다. 나뭇가지에 앉은 까치가 마치 무슨 소식이라도 전해주듯 범의 귀에 대고 뭔가를 속삭이고 있는 것 같다. 하느님의 신령스러운 말씀을 전하는 것이라고 하는데, 범과 까치의 동작을 보면 그렇게 심각한 모습은 아니다. 새가 하늘의 전령이라는 도식에 맞춘 느낌이다. 까치가 전한 내용이 이런 내용이 아니었을까 한다.

"호랑이님, 지금 곰이 당신을 기다리고 있어요.
빨리 가보세요."

신단수라는 신령스러운 이름을 얻게 된 것은, 환웅이 맨 먼저 이 나무 아래 내려왔기 때문이기도 하다. 그러나 나무는 그 이전부터 땅과 하늘을 이어주고, 사람과 사람, 곰과 범을 연결하는 매개였다. 옆에 나무가 있다면 한번 안아 보기 바란다. 나무의 품에서 처음 사랑했던 누군가의 체온을 느낄지도 모른다. 왜냐하면 우리는 모두 나무의 자식이기 때문이다. ●

__________ **조경철**
나라이름역사연구소 소장. 연세대에서
2003년부터 한국사를 가르쳤다. 연세대 사학과
객원교수와 한국사상사학회 회장을 역임했다.
2013년 한국연구재단이 조사한 한국사 분야
학술지 인용지수 2위를 차지했다. 저서로는
『백제불교사연구』, 『나만의 한국사』, 『거꾸로
읽는 한국사』(2025, 공저) 등이 있으며 새로운
시각에서 역사를 바라보려고 노력 중이다.

신라의 금빛 나무에게 가는 길

특집. 깨달음의 나무, 사유수

글. 박찬희

금관 속 나무

국립중앙박물관 신라실 가장 앞에 신라 금관이 전시됐다. 황남대총 북분에서 나온 금관이다. 어둠 속에서 빛나는 금관을 본 사람들은 '멋지다', '화려하다', '신라는 황금의 나라'라며 탄성을 멈추지 않는다. 이 순간을 오래 간직하려 환한 얼굴로 사진을 찍은 후 금관을 따라 한 바퀴 돈다.

이곳뿐만이 아니다. 신라의 역사와 문화를 두루 보여주는 곳이 국립경주박물관이다. 이곳에서 천마총 금관은 최고의 인기를 누린다. 신라 금관 가운데 가장 화려한 이 금관을 머리에 쓴 것처럼 사진 찍을 수 있다. 사람으로 붐빌 때는 금관 앞으로 줄이 늘어선다. 사람들은 직접 금관을 쓴 듯 사진을 찍으면서 잠시 신라의 왕으로 변신한다.

흥분이 가라앉자 신라 금관을 유심히 살펴본다. 그리고 궁금하다는 듯 혼잣말로 혹은 일행에게 말을 건넨다.

"무게가 얼마야? 금관을 장식한 게 뭐지?"

만약 주위에 박물관 도슨트가 있다면 이렇게 대답할 가능성이 크다.

"황남대총 북분 금관은 1062g, 천마총 금관은 1262.6g으로 금관 가운데 가장 무겁습니다. 신라 금관 위에는 크게 두 종류의 장식이 있습니다. 앞쪽과 옆쪽의 곧게 선 장식은 나무라고 추정합니다. 일반적인 나무가 아니라 하늘과 땅을 이어주는 신령한 나무입니다. 이런 나무를 우주나무라고 부릅니다. 당산나무나 솟대를 떠올리면 이해가 쉽습니다.
비스듬히 뒤로 기울어진 뒤쪽 장식은 대개 사슴뿔로 보고 있습니다. 사슴은 하늘과 땅을 이어주는 신성한 동물입니다."

신라 금관에 대한 궁금증은 꼬리에 꼬리를 문다. 무게가 1kg이 넘는다면 머리에 쓰기 힘들지 않았을까, 신라 금관을 쓴 사람은 누구일까, 신라 어느 시기에 사용했을까?

> "흔히 신라 금관은 왕이나 왕족이 특별한 의식을 치를 때 쓴 것으로 봅니다. 일부 연구자들은 살아있을 때 쓴 것이 아니라 장례용품이며, 피장자의 얼굴을 두른 일종의 데스마스크일 거라고 주장합니다. 발굴 결과로 보면 김씨가 왕위를 독점하기 시작한 때 집중적으로 만들어졌습니다. 이 시기에는 왕을 마립간(麻立干)으로 불렀습니다."

박물관 전시실에서 일어날 법한 가상의 대화다. 신라 금관은 지금까지 모두 6점이 알려졌다. 경주 교동 출토 금관, 황남대총 북분 금관, 금관총 금관, 서봉총 금관, 천마총 금관, 금령총 금관이 그것이다. 이 가운데 교동 출토 금관은 어느 무덤에서 출토됐는지 모르고 나머지는 분명하다. 교동 출토 금관이 먼저 만들어졌고, 다른 금관이 뒤를 이은 것으로 보인다.

신성한 나무와 사슴뿔

교동 출토 금관[도판 1]은 단순하게 구성됐다. 반면 다른 신라 금관은 복잡해 보이는데, 몇 가지 요소로 구분된다. 가장 아랫부분은 머리띠 같은 모양으로 관테 혹은 대륜이라고 부른다. 관테 위쪽 중앙과 좌우에는 좌우 대칭인 세움 장식이 곧게 솟았고, 뒤쪽 좌우로 가지가 어긋난 세움 장식이 뒤쪽으로 비스듬하게 기울어졌다. 관테 아래로 길게 늘어선 장식인 수하식(垂下飾)이 달렸다.

관테 위 앞과 좌우의 세움 장식이 나무라는 점은 연구자들 사이에 이견이 없다. 교동 출토 금관은 나무의 모습이 선명하고 다른 금관들은 조금 추상적이다. 흔히 이 나무를 하늘과 땅을 이어주는 우주나무, 생명을 뜻하는 나무, 신령이 오가는 나무라고 해석한다. 지금의 눈으로 본다면 의아스럽지만 불과 얼마 전까지 당산나무를 신처럼 여겼다는 걸 떠올리면 수긍이 된다.

금관의 나무는 어디에서 유래했을까? 나무를 신성시한 북방의 유목 문화나 시베리아 샤머니즘과 관련이 깊다는 의견이 있는 반면, 김알지 탄생 신화에서 알 수 있듯 전통적인 신라의 수목신앙에서 유래되었다는 의견도 있다. 여러 연구자가 앞의 의견을 지지하지만 계림, 나정숲, 천경림, 신유림과 같은 경주의 신성한 숲을 고려하면 후자의 의견도 귀담아들을 만하다.

신라 금관 뒤쪽의 비스듬한 세움 장식을 두고도 해석이 엇갈린다. 앞서 말한 것처럼 사슴뿔로 보려는 연구자가 많다. 사슴뿔은 때가 되면 떨어졌다 때가 되면 다시 돋아나기에 사슴은 부활과 생명을 상징한다. 또한 신성한 존재를 다른 세상으로 이끈다. 반면 사슴뿔이 아니라 구부러진 나무로 보기도 한다.

금관에는 동그란 금판인 달개가 나뭇잎처럼 빼곡하게 달렸다. 달개는 전시실에 작은 진동이라도 생기면 바람 맞은 나뭇잎처럼 흔들리며 반짝거린다. 금령총 금관을 제외한 나머지 금관에는 초승달처럼 생긴 곡옥이 달렸다. 곡옥은 생명의 열매, 생명의 씨앗으로 해석한다. 곡옥이 달린 신령한 나무는 영원한 생명의 원천이 된다.

금관이 금관인 이유는 당연하게도 금으로 만들었기 때문이다. 만들 당시부터 반짝거렸을 금관은 오랜 시간이 흐른 지금까지 빛을 잃지 않았다. 금으로 만든 나무는 영원히 살아 반짝거리고 소곤거리며 지금까지 사람들을 흔들고 유혹하고 사로잡는다.

마립간 시기 신라의 왕과 왕족은 왜 금관이 필요했을까? 신성한 나무와 사슴뿔은 이 관을 사용한 이들에게 신성함과 권위를 부여했다. 이들은 다른 사람이 누릴 수 없는 위상을 지니며 신의 뜻을 대리하는 특별한 존재가 됐다. 더구나 귀하디귀한 금과 옥을 넉넉히 사용해 권위를 높였다. 다른 사람이 가질 수 없는 것을 가진 이들은 금관으로 권력을 과시했다.

[도판1] 교동출토 금관, 신라시대, 국립경주박물관.

마립간(신라 때 '임금'을 이르던 말) 시대를 주름잡던 금관은 마립간 시대가 저물면서 점차 사라진다. 6세기 전반 마립간에서 왕으로 이름을 바꾸고 율령을 반포해 정교한 통치 체제를 구축하고 불교를 공인하면서 금관의 신령한 나무와 사슴에 부여된 상징과 역할도 끝을 맺는다. 또한 화려한 장례 풍습이 소박한 방향으로 바뀌면서 금관은 무덤에서 사라진다.

시간이 흘러 신라 금관은 무덤을 나와 박물관으로 갔다. 전시실 속 금관도 놀랍지만 금관의 고향인 무덤을 같이 본다면 금관은 살아있는 것처럼 빛난다. 먼저 신성한 숲이자 김알지 신화의 무대인 경주의 계림으로 향한다. 오래된 나무가 빼곡한 숲을 거닐면서 경주 사람들이 이곳을 오랫동안 잘 가꾸었다는 걸 실감한다. 숲에는 대지에 튼튼하게 뿌리박고 하늘로 힘껏 솟은 거대한 나무들이 뿜어내는 신성한 기운이 흐른다.

"자줏빛 구름이 하늘에서부터 땅에 뻗쳤는데, 나뭇가지에
는 황금 궤가 걸려 있었다. 빛은 그 금궤에서 나오고 있었다.
그리고 나무 아래에서 흰 닭이 울고 있었다."

『삼국유사』에 나오는 김알지 탄생 신화의 한 장면이다. 신화의 무대는 계림이며 하늘, 나무, 황금 궤, 빛, 금궤 안의 사내아이는 자연스레 금관의 나무와 이어진다. 신화 속 나무는 하늘과 인간을 이어주고 김알지와 그 후손인 김씨 왕족을 특별한 존재로 만들었다. 계림은 김씨 왕족의 성소(聖所)이자 그들을 특별한 존재로 만든 장소였다. 본격적인 김씨 왕조를 열었던 내물왕의 무덤(여러 연구자는 내물왕릉으로 알려진 이 무덤보다 서쪽에 있는 119호분이 내물왕릉일 가능성이 더 크다고 생각한다)이 계림과 이어졌다는 점도 시사하는 바가 크다.

황남대총

계림에서 나와 북서쪽으로 올라간다. 이 방향으로 신라 금관이 나온 마립

[도판 2] 황남대총 북분 금관(국보), 신라시대, 국립경주박물관.

[도판3] 천마총 금관(국보), 신라시대, 국립경주박물관.

간 시대의 무덤이 연이어 늘어섰다. 대릉원으로 들어가 남북 길이 120m
에 이르는, 신라에서 제일 큰 무덤인 황남대총으로 간다. 황남대총은 표
주박처럼 생긴 무덤으로 남쪽은 왕의 무덤, 북쪽은 왕비의 무덤이다. 왕
의 무덤에서는 금동관만 나온 반면 왕비의 무덤에서는 금관이 나왔다. 이
금관[도판 2]은 교동 출토 금관을 제외하고 가장 먼저 등장한 것으로 추정
한다.

황남대총에는 경주를 찾는 사람들이 사진을 찍고 싶어 하는 목련이
서 있다. 목련꽃이 활짝 핀 봄에는 나무 앞으로 긴 줄이 늘어선다. 이 나무
를 보면 금관의 나무가 떠오른다. 금관의 나무는 우주나무인 동시에 생명
과 부활의 나무다. 신라인들은 금관에 목련꽃같은 화사하고 우아한 곡옥
을 달아, 생기 넘치는 기운이 퍼져나가 금관을 사용한 이에게 전해지기를
바라지 않았을까.

<h3 style="text-align:center">천마총</h3>

황남대총 맞은편 무덤이 가장 화려한 신라 금관이 나온 천마총이다. 천마
총 금관[도판 3]은 황남대총 북분 금관처럼 관의 아랫부분인 관테가 피장
자의 목 부근에서 발견됐다. 이 때문에 일부 연구자들은 신라 금관이 피
장자의 얼굴을 감싼 장례용품이라고 주장한다. 살아 있을 때 사용했다고
해도 무덤으로 들어간다면 장례용품으로 성격이 바뀐다. 이때 금관은 피
장자에게 영원한 생명을 불어넣고 다른 세상으로 이끄는 마법의 도구로
변신한다.

<h3 style="text-align:center">금령총과 금관총</h3>

천마총을 나와 북쪽으로 가면 금령총이 나온다. 금령총 금관[도판 4]은 크
기가 작아 어린 왕자의 것으로 추정한다. 한국 토기를 대표하는 말 탄 사
람 모양 토기가 이 무덤에서 나왔다. 금령총 금관으로 신라 금관은 왕이
나 왕비뿐만 아니라 왕자도 사용했다는 것을 알 수 있다.

금령총에서 조금만 올라가면 신라 금관이 처음 발견된 금관총이 나온

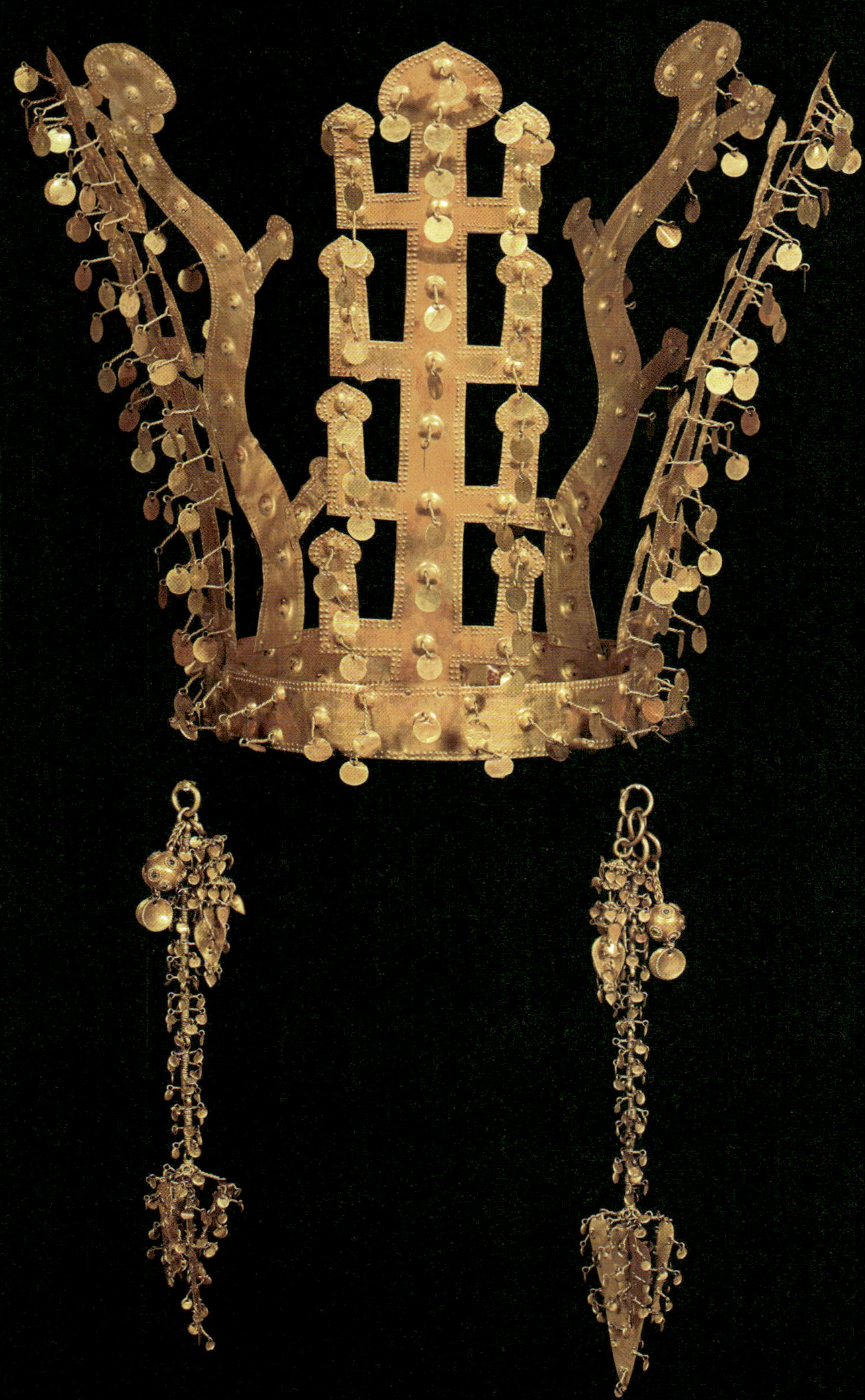

134

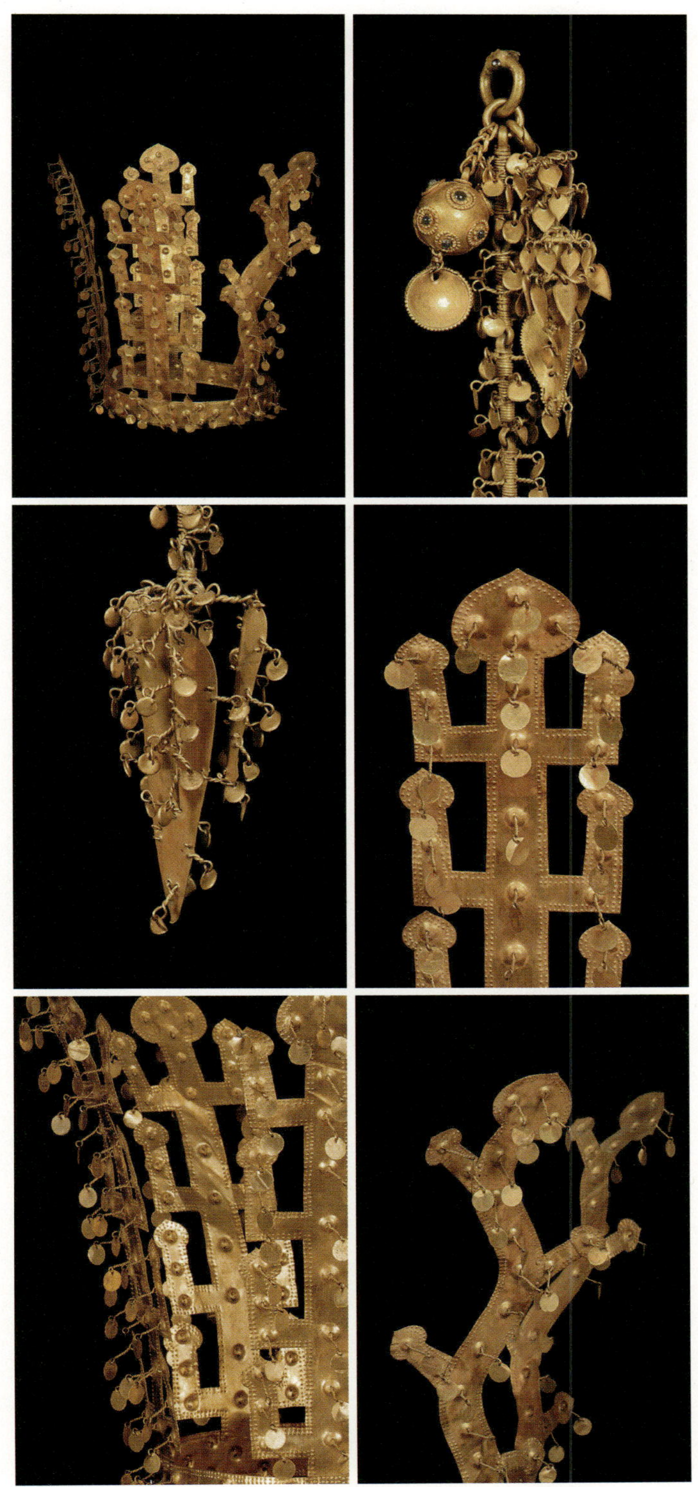

[도판 5] 금관총 금관(국보), 신라시대, 국립경주박물관.

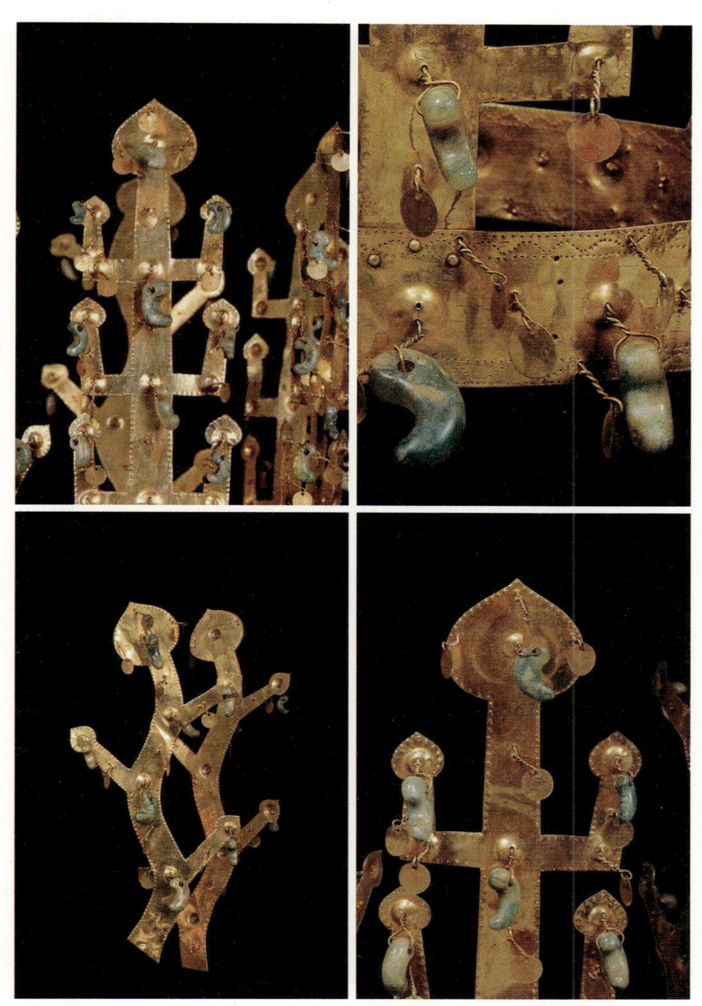

[도판6] 서봉총 금관(보물), 신라시대, 국립중앙박물관.

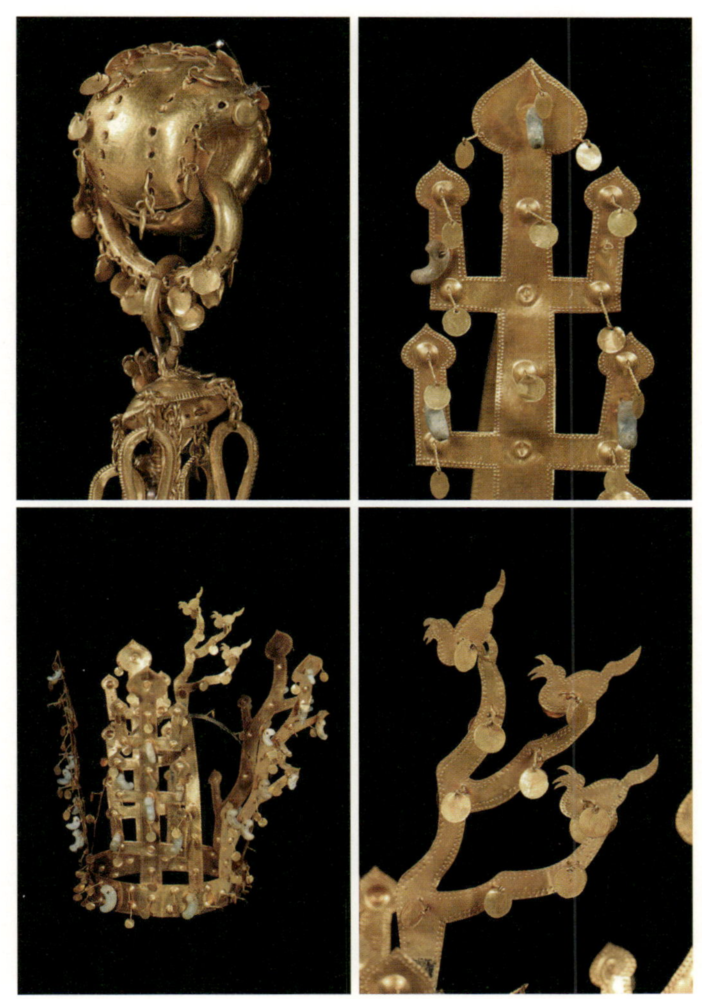

다. 금관이 출토돼 무덤 이름을 금관총으로 지었다[도판 5]. 1921년 금관 총에서 금관이 나오면서 '황금 신라'의 신화가 시작됐다. 금관이 근대인 들에게 충격을 준 것처럼 당시 신라인에게도 큰 충격으로 다가왔을 것이 다. 금빛 나무가 솟은 금관은 최고 권력 자체였고, 김씨 왕족의 시대를 알 리는 강렬한 선언이었다.

서봉총

신라 금관의 길 마지막에 서봉총을 만난다. 금관총 곁에 자리한 서봉총 은 1926년에 발굴됐다. 당시 스웨덴 구스타프 황태자(훗날 구스타프 6세 아 돌프 황제)가 잠깐 발굴에 참여해 스웨덴의 한자 이름인 서전(瑞典)에서 '서 (瑞)' 자를, 금관에 달린 새인 봉황에서 '봉(鳳)' 자를 따 서봉총이 됐다[도판 6]. 새가 없는 다른 금관과 달리 서봉총 금관에는 새 세 마리가 달렸다. 봉 황 혹은 닭으로 보이는 이 새는 하늘과 땅을 이어주는 연결자이자 상서로 운 일을 알려주는 전달자이자 피장자를 다른 세상으로 인도하는 안내자 로 보인다.

서봉총 앞에 줄지어 늘어선 나무 아래에서 금관의 길이 끝난다. 사람 은 사라져도 나무는 의연하게 자리를 지키며 살아가고 살아낸다. 나무 신 화가 사라진 지금 나무 아래에 멈춰서서 힘껏 올려보면, 느릿느릿 나무 둘레를 걷다 보면, 경이로운 눈으로 보다 보면, 금관의 길로 들어가는 새 로운 문이 살며시 열리지 않을까?

만약 경주에 온다면 금관의 길을 걷기를, 박물관에서 신라 금관을 만 난다면 시대를 건너온 신라의 금빛 나무와 공명하기를. ●

———————— **박찬희**
박찬희박물관연구소 소장. 박물관에서
큐레이터로 일했고 지금은 사람들이 박물관과
문화유산을 즐겁게 만나는 방법을 연구하고
있다. 쓴 책으로 『유혹하는 유물들』, 『박물관의
최전선』, 『구석구석 박물관』, 『몽골 기행』,
『놀이터 일기』, 『아빠를 키우는 아이』가 있으며
함께 쓴 책으로 『두근두근 한국사』1, 2가 있다.

스마트폰으로 보고, 이어폰으로 듣고, 큰글자로 읽는 불광미디어의 스테디셀러!

불광미디어의 전자책과 오디오북, 큰글자책이
시간과 공간, 방법에 구애받지 않는 자유로운 독서를 응원합니다!

스마트폰 카메라로 QR코드를 비추면 전자책, 오디오북, 큰글자책 목록을 확인하실 수 있습니다.

"수천 권을 소장해도 무겁지 않은 나만의 서재!" · 전자책 ·

**고광 스님의
불교 도장
깨기**

고광 지음
16,800원

**과학을 좋아하는
사람들을 위한 반야심경**

사지 하우로 지음 · 주성원 옮김

신중도의 세계

현주 지음

외 372종

"맑고 편안한 목소리로 듣는 책!" · 오디오북 ·

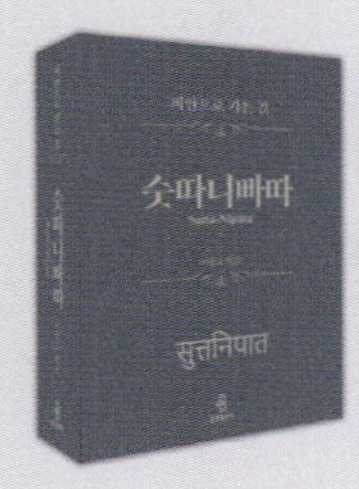

**피안으로 가는 길
숫따니빠따**

이중표 역주
30,000원

이슬람교를 위한 변명

박현도 지음

**소태산이 밝힌
정신개벽의 길**

장진영 지음

외 43종

"글자가 작아 책 읽기 힘들었다면?" · 큰글자책 ·

**그렇다고
죽을 수는
없잖아**

원영 지음
29,000원

**홀연히 깨어나는
신심명**

원제 지음

**한국인이 가장 좋아하는
절집 말씀**

목경찬 지음

외 67종

불광미디어의 전자책, 오디오북, 큰글자책은 계속 출간됩니다.
주요 인터넷 서점 및 구독 플랫폼(전자책, 오디오북)에서 만날 수 있습니다.

불광출판사 전화 02) 420-3200 | www.bulkwang.co.kr | 불광미디어

월간 「불광」 매거진
네이버 스마트스토어 공식몰

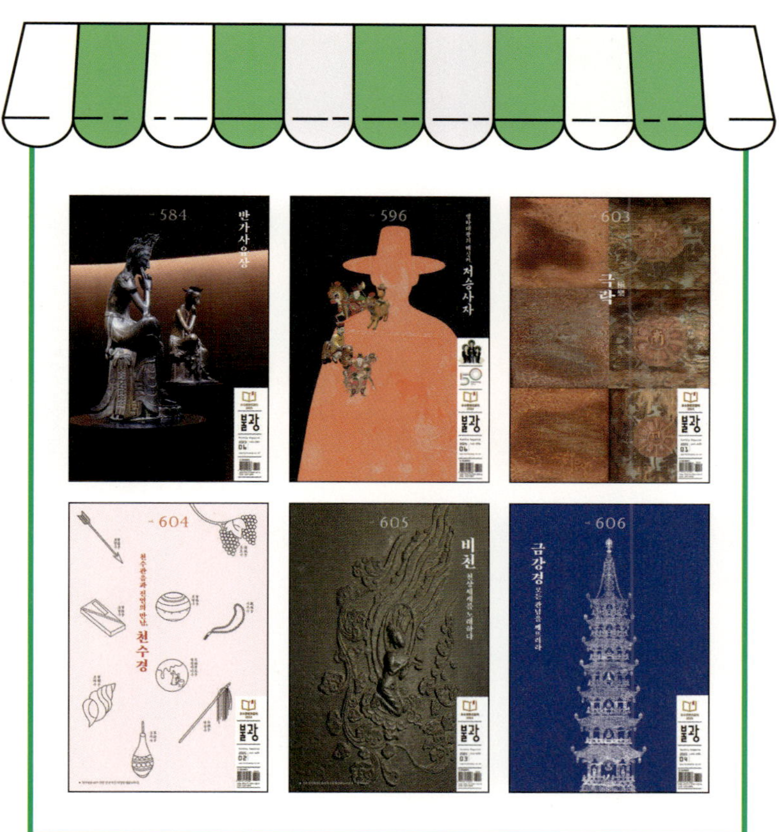

놓쳤던 매거진, 이제 네이버 스마트스토어에서 만나보세요!

네이버 스마트스토어 '월간불광'은 불교인문교양 매거진
월간 「불광」이 직접 운영하는 온라인 공식몰입니다.

불광
Monthly Magazine

전화 02) 420-3200
홈페이지 www.bulkwang.co.kr

월간 「불광」
스마트스토어
바로가기

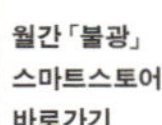 

네이버에서 '스마트스토어 월간불광'
검색하세요.

보만 스님의 마음 사용 설명서,
『나도 내 마음을 모를 때, 불교심리학』

– 용인 반야선원 부주지 보만 스님

머리와 가슴에 쏙 들어오는 법문, 청중들과 실시간 교감하며 대화하는 참여형 법문, 실제 삶에 적용할 수 있는
직설적이면서도 공감되는 시원한 불교 심리상담. 보만 스님의 유튜브 강의 〈불교심리학〉에 붙은 찬사다.
보만 스님은 BBS 불교방송과 국회에서 진행한 〈보만스님의 불교심리학〉 강좌가 입소문을 타 불교계에서 일약
'스타 스님'이 됐다. 스님의 법문이 열리는 곳마다 전국에서 모여든 사람들로 문전성시를 이룬다. 불교심리학 강의가
이토록 사람들을 끌어모으는 비결이 뭘까? 『나도 내 마음을 모를 때, 불교심리학』(이하 『불교심리』) 출간을 앞두고
대한불교조계종 용인 반야선원 부주지로 계신 보만 스님을 만나 이야기를 들어봤다.

보만 스님은 세상이라는 바다에 뛰어든 우리가 반드시 익혀야 할 수영법이자 생존법이 불교 경전에 모두 담겨 있다고 말한다. 신간 『불교심리학』 역시 이 비밀스럽고 위대한 가르침을 담은 불경에 그 뿌리를 두고 있다. 제목은 '마음(心)의 이치(理)를 다룬다'라는 점에서 '심리학'이라는 말을 빌려왔다. 하지만 마음을 분석한다는 공통분모 하나만 있을 뿐, 그 내용은 서양의 심리학과는 전혀 다르다.

"심리학은 인간의 말과 행동을 분석해서 그 사람의 심리 상태를 유추해 내는 거예요. 눈에 보이지 않는 마음을 체계화하고 인간에게 끼치는 영향을 연구하는 게 서양 심리학이 추구하는 방향이죠. 하지만 불교는 방향이 전혀 달라요. 불교는 행복한 나를 만드는 게 아니라, '너는 몸도, 마음도, 생각도, 감정도 아니야, 고정된 너는 없어'라는 무아(無我)를 증명하는 가르침이죠. 거기다가 불교심리학은 전생과 윤회 같은 분야까지 다뤄요. 가장 큰 차이는 심리학에는 빠져 있는 '수행'이 불교에서는 필수죠."

『불교심리학』은 '말'과 '행동' 그 이면에서 작동하는 '마음의 구조와 원리'를 탐구한다. 또한 기존의 '나'라고 여겼던 틀과 생각, 관점에서 벗어나 '걸림 없는 나', 즉 무아를 확인하는 데 가장 큰 목적이 있다.

이를 위해서 '마음 사용 설명서'를 책의 콘셉트로 착안했다. 책의 구성도 '마음의 구조와 원리'를 탐구하는 과정을 충실하게 따라간다. 마음이 어떤 부품으로 되어 있는지, 작동 원리는 무엇인지, 잘못 사용했을 때 어떤 일이 생기는지, 또 망가진 마음을 어떻게 수리할 수 있는지 등, 책을 읽으며 우리의 마음을 차근차근 이해할 수 있게 했다. 한마디로 이 책은 불경을 기반으로 한, 마음 해부학이다.

보만 스님이 한 권의 책을 통해 해부하려고 하는 그 '마음'이란 무엇일까? 왜 현대인들이 그 '마음'을 아는 게 중요할까?

"색깔, 소리, 냄새, 맛, 감촉, 뜻, 이 6가지를 육신을 통해 기억 속에 담아놓습니다. 불교에서는 이 기억 덩어리를 마음이라고 말해요. 부처님께서 생멸법, 연기법 등의 법칙을 설명하신 이유는 육신과 마음의 허망함을 말하기 위함이에요. 현대인들은 이 허망한 마음을 자기로 삼기 때문에 수시로 변화하는 마음에 시달리며 지치는 거죠. 불교는 마음을 강조하는 게 아니라 마음이 얼마나 허망한지를 설명해요. 그러면서 몸과 마음에서 모두 해방되는 그 자리를 설명할 뿐이에요. 진짜의 나는 이것을

"현대인들은 허망한 마음을 자기로 삼기 때문에 수시로 변화하는 마음에 시달리며
지치는 거죠. 불교는 마음을 강조하는 게 아니라 마음이 얼마나 허망한지를
설명해요. 그러면서 몸과 마음에서 모두 해방되는 그 자리를 설명할 뿐이에요."

초월해 있는 것이다, 라고 이야기하며
깨달음을 얘기하죠."

불교심리학의 시작

'보만 스님 불교심리학'의 출발은 불의의 사고가
일어난 2010년으로 거슬러 올라간다. 보만
스님은 2004년 대한불교조계종 원로의장 불영
자광 대종사를 은사로 출가했다. 동국대학교
불교학과를 졸업한 뒤, 2010년 해군 군종 장교
대위로 예편했다. 2010년 3월, 보만 스님이
군종장교로 근무하던 해군 제2함대사령부에서
천안함 피격 사건이 발생했다.

사건이 발생한 직후 스님은 장병들의 시신을
수습하며, 유가족들 400여 명과 법당에서
살다시피 했다. 한 달 뒤, 국립대전현충원에서
천안함 46용사 합동 영결식이 거행될 때 스님은
직접 부대원들을 안장했다. 밤낮으로 헬기로
이송되는 전사자를 수습하고 유가족을 위로했던
그 경험은 스님에게 큰 충격으로 다가왔다.

"시신을 만지고, 또 거기에
매달려서 우는 부모님들을
지켜보면서 과연 내가
출가자로서 뭘 해 줄 수 있을까를
고민했어요. 그분들에게 '당신의 아들은
극락왕생할 겁니다'라는 말로는 위로가
안 되거든요. '이 생사의 문제를
부처님께서 가장 중요하게 생각하셨는데,
과연 나는 그것을 얼마큼 느끼고, 또
사람들에게 전할 수 있는가'에 대한

"불교는 행복한 나를
만드는 게 아니라,
'너는 몸도, 마음도,
생각도, 감정도 아니야,
고정된 너는 없어'라는
무아를 증명하는
가르침이죠."

"불교는 마음을
강조하는 게 아니라
마음이 얼마나
허망한지를 설명해요.
그러면서 몸과 마음에서
모두 해방되는 그 자리를
설명할 뿐이에요."

화두가 생겼죠."

그때부터 보만 스님은 부처님의 귀한 가르침을 현장으로 나가 직접 전해야겠다고 결심한다. 2014년 청송교도소에서 교정위원을 맡아 재소자들의 이야기 속으로 뛰어들었고, 국회 '생명사다리' 상담센터에서 자살 예방 상담을 시작했다. 6년 동안 교도소와 국회에서 자신이 공부하고 수행한 불교를 확인하고 또 전했다.

"마음은 허망한 거라고, 이건 내가 될 수 없다고. 그러니까 슬픈 마음이 일어나도 이것은 내가 아니니까 괜찮다고. 그걸 나로 삼아서 우울해하거나 자기를 벌주지 말라고. 그렇게 일반 시민들과 수감자들에게 상담했어요. 공부를 하고 난 뒤 이걸 세상에 펼쳐야 하는 것은 불교에서는 아주 당연한 수순이에요. 세상에 펼치는 것에 대해서 어려워하는 스님도 계시고, 또 인력도 많이 부족해요. 저처럼 젊은 스님들이 먼저 나서야겠죠."

국회 '생명사다리' 상담센터에서 활동할 당시, 함께 일하던 국회 민원실 직원들의 요청으로 퇴근 후에도 국회 안 카페에서 불교심리학 상담을 이어갔다. 소문이 나서 사람들이 하나둘씩 모였고, 2019년에는 서울역에 있는 대우재단 빌딩 한 호실을 사비로 대관해 불교심리학 강연을 본격적으로 시작했다. 코로나로 잠시 중단된 강연을 2023년에 국회에서 재개하고, 2024년에는 BBS 불교방송에서 〈보만스님의 불교심리학〉을 1년 동안 진행했다. 스님의 말마따나 모든 것은 인연대로 흘러왔다.

"처음 불교심리학 강의를 시작했던 2014년부터 '마음 사용 설명서' 형태의 책 구성과 내용을 구상했어요. 우리는 '마음'에 대한 사용 설명서를 제대로 본 적이 없기에 마음에서 소음이 나도 고칠 수 없던 거예요. 『불교심리학』은 불교를 잘 모르는 분들, 특히 청년들이 많이 봤으면 좋겠어요. 그분들이 '내 생각과 감정이 이런 원리로 돼 있구나'를 이 책을 통해 알게 됐으면 좋겠어요. 그래서 그물에 걸리지 않는 바람처럼 내 생각과 감정으로부터 자유로워져 아무것에도 걸리지 않고, 용감하고 당당하게 살았으면 좋겠어요."

엄숙함이 아닌 유쾌함

보만 스님은 부처님의 가르침을 현대에 맞는 가르침으로 명쾌하고 재밌게 설명한다. 법문 내내 풍부한 비유와 실제 스님의 경험담을 곁들이는데, 그때마다 청중은 쉴 새 없이 웃음을 터뜨린다.

"『나도 내 마음을 모를 때, 불교심리학』은 불교를 잘 모르는 분들,
특히 청년들이 많이 봤으면 좋겠어요. 그분들이 그물에 걸리지 않는 바람처럼
내 생각과 감정으로부터 자유로워져 아무것에도 걸리지 않고,
용감하고 당당하게 살았으면 좋겠어요."

일방적으로 설법하기보다, 청중과 일대일로 눈을 맞추며 쌍방향으로 대화한다. 스님의 불교심리학 강연에 많은 이들이 열광하는 이유는, 이러한 스님의 법문 스타일 때문이리라.

보만 스님은 "수행자의 진짜 모습은 엄숙함이 아니라, 유쾌함 속에 있다"고 강조한다.

"설법하실 때 부처님께서는 높은 자리에 올라가 계시고 비구들은 저 밑바닥에 앉아서 들었을까요? 저는 아니라고 봐요. 걷다가 앉아서 설법하시고, 같이 대화 나누다가 제자가 질문하면 그 질문에 대한 답을 하셨겠죠. 그렇게 경전이 탄생했다고 생각해요.
권위라고 하는 것은 높은 자리에 앉거나 엄숙한 분위기에서 나온다고 생각하지 않아요. 은사 스님이신 자광 대종사께서도 대한민국의 불교 역사를 이끌어오신 어른이신데 대화하면 절반이 농담이세요. 제가 아무리 웃으면서 얘길 해도 그 안에서 한 번도 들어보지 못한 부처님의 가르침이 녹아 나온다면, 많은 분이 동의하고 귀의할 거라고 믿어요."

마지막으로 보만 스님께 앞으로의 계획을 여쭸다.

"결혼 생활과 자식 교육에 대해서 조언을 많이 해드리는데, 큰 효과를 봤다고 하시는 분들이 많아요. 저는 세속을 떠난 사람이잖아요. 바깥에서 훨씬 객관적으로 보게 되는 게 많아요. 그래서 삶 속에서 부처님 가르침을 방법론적으로 알려주는 걸 다음 책으로 생각하고 있어요.
그리고 인연이 닿는 한 강의를 계속해 나가겠죠. 은사 스님을 비롯해 제가 활동을 할 수 있게 도와주신 많은 분의 감사함을 갚는 길도 이 일이라고 생각해요. 앞으로도 지금과 똑같이, 저를 필요로 하는 곳에서 부처님 가르침을 전하고 싶어요." ●

나도 내 마음을 모를 때, 불교심리학
보만 지음 | 불광출판사 | 288쪽 | 19,000원

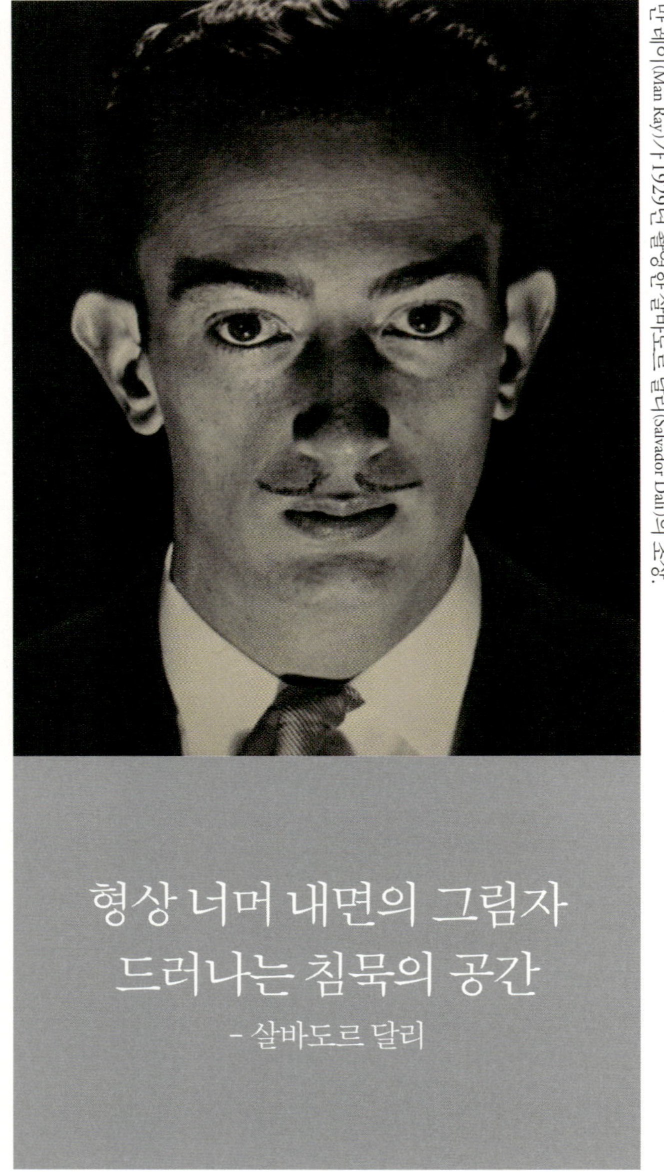

만 레이(Man Ray)가 1929년 촬영한 살바도르 달리(Salvador Dali)의 초상.

형상 너머 내면의 그림자
드러나는 침묵의 공간

– 살바도르 달리

달리가 궁극적으로
무너뜨리려 했던 것은
눈앞의 사물이 아니라,
그 사물을 규정짓는 우리의
굳어진 인식이었다.
달리는 우리에게 익숙한
모든 기준을 잠시 멈추게
하고, 분별이 사라진
자리에서 새로운
눈을 뜨게 한다.

"만약 모든 형상이 형상이 아님을 본다면 곧 여래를 보리라"라고 『금강경』은 설한다. 여기서 "형상"은 눈에 보이는 외형만을 뜻하지 않는다. 우리가 '사물', '나', '세계', '시간', '현실'이라고 부르는 모든 개념과 관념, 모든 분별의 틀을 포함한다. 즉 우리가 실체라고 믿어온 모든 것들이다. 『금강경』은 이 모든 형상이 실제로는 고정된 실체가 아니며, 인연에 기대어 나타났다가 사라지는 현상일 뿐임을 밝힌다. 형상은 있으나 실체가 없고, 존재하나 붙잡을 수 없다. 그래서 "형상은 형상이 아니다(非相)"라고 말하는 것이다. 이때 "여래를 본다(卽見如來)"라는 것은 부처의 육신을 본다는 뜻이 아니다. 형상에 속지 않고, 현상의 이면에 흐르는 무상과 무아의 진실을 꿰뚫을 때 비로소 세계의 참모습이 드러난다는 의미다.

이러한 『금강경』의 통찰은 살바도르 달리(Salvador Domingo Felipe Jacinto Dalí i Domènech, 1904~1989)의 작품을 감상하는 하나의 열쇠가 된다. 그의 화폭 속 사물들은 단단하게 존재하는 것처럼 보이지 않는다. 시계는 녹아내리고, 신체는 길게 늘어나고, 바위는 흐물거리며, 그림자는 본체보다 더 실재감 있게 드러난다. 달리는 사물이 있는 그대로 존재한다는 전제를 철저하게 의심했다. 사물은 고정된 형상이 아니라, 무의식의 흐름, 기억의 흔적, 욕망의 조각, 공포의 그림자 속에서 끝없이 변모하는 비형상(非相)의 존재들이다. 그는 사물의 껍데기를 벗겨내고 그 이면에 숨은, 서로 얽혀 끊임없이 변해가는 실상을 드러내고자 했다.

달리의 세계는 단일한 현실이 아니라, 서로 다른 결들이 중첩된 공간이다. 의식과 무의식이 뒤엉키고 꿈과 현실, 사건과 기억의 층이 서로 스며들고 흔들리며 경계가 모호해진다. 그래서 그의 작품 앞에 서면 처음에는 기괴한 형상처럼 보이던 것이 점차 형상을 잃고 흐름만 남는다. 형태를 보는 것이 아니라, 형상이 사라지는 장면을 보게 된다. 바로 이 자리에서 『금강경』이 설하는 "모든 형상이 본래 형상이 아님을 보게 된다"라는 통찰과 마주한다.

달리가 녹여내고자 한 것은 시계가 아니라 우리의 인식이었다. 그가 뒤틀었던 것은 사물이 아니라 형상에 대한 우리의 관념과 집착이다. 그리고 그가 허물고자 했던 것은 세상 그 자체가 아니라, 우리가 진실이라고 믿어온 환영이다. 달리의 화폭은 『금강경』이 말한 그 자리, 형상 너머의 세계, 본래면목이 드러나는 침묵의 공간으로 우리를 이끌어간다. 그의 그림 앞에서 우리는 물질이 녹아내리는 것을 보는 것이 아니라, 형상에 대한 고정관념이 조용히 녹아내리는 순간을 맞이하게 된다.

— 살바도르 달리

1904년 스페인 피게레스에서 시작된 달리의 생은 온전한 '나'로서가 아니라, 타인의 대리자라는 숙명과 함께 시작된다. 요절한 형의 이름을 그대로 물려받은 탓에, 그는 자신이 죽은 자의 흔적 위에 덧씌워진 존재라는 사실을 깨닫게 된다. 그래서였을까? 달리는 자아의 경계나 현실의 고정성에 관한 근원적 의구심을 품게 된다. 이 특별한 감수성은 훗날 그의 예술 세계에서 사물의 변형과 재구성이라는 독창적 방법론의 토대가 된다.

마드리드 왕립 미술학교 시절, 달리는 기성 체제와 관습적 기준에 도전하며 반항한다. 이 시기 달리는 스페인이 낳은 천재 시인 페데리코 가르시아 로르카, 스크린 위에 무의식을 펼쳐낸 영화감독 루이스 부뉴엘과 교류한다. 달리는 이 만남을 통해 무의식과 상징의 세계로 발을 들여놓게 되고, 일상적 현실 너머의 차원을 작품 속에 구현하는 역량을 키워간다.

1920년대 말 파리로 무대를 옮긴 달리는 "초현실주의(Surréalisme)" 운동의 중심인물로 부상한다. 하지만 그의 극단적 개인주의와 정치적 입장을 둘러싼 논쟁은 결국 그룹과의 단절을 초래한다. 이 분리는 역설적으로 그만의 독특한 예술 세계를 더욱 선명하게 확립하는 계기가 된다. 그 과정에서 달리는 연인 갈라와 운명적으로 만난다. 달리는 갈라를, 동반자를 넘어선 뮤즈로 바라보며, 그 관계를 통해 내면의 혼돈을 조율하고 예술적 비전을 구체화한다.

제2차 세계대전 이후 미국에서의 체류는 달리에게 새로운 사유의 지평을 연다. 현대 과학,

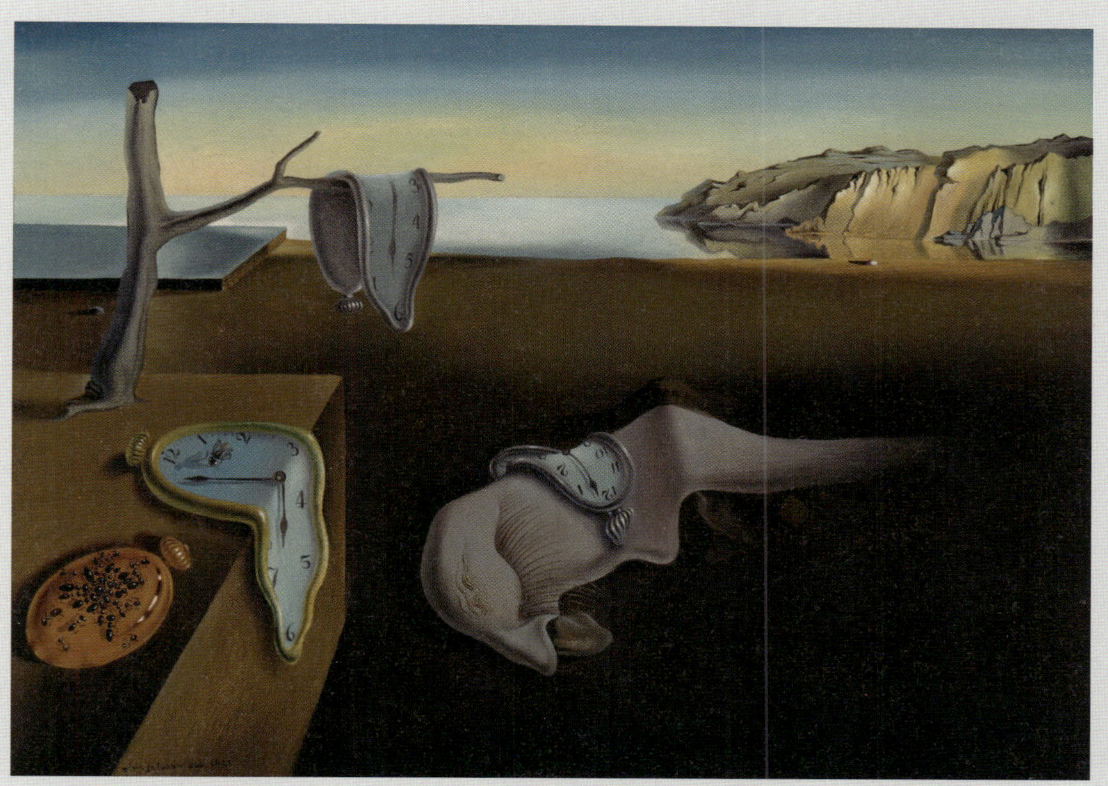

살바도르 달리, 〈기억의 지속(The Persistence of Memory)〉, 1931년, 뉴욕 현대미술관(MoMA).

특히 원자물리학의 발견들은 물질이 고정된
실체가 아닌 에너지의 응집과 분산이라는
사실을 보여준다. 이는 그가 평생 추구해 온
현실의 유동성에 대한 직관과 공명하며, "핵
신비주의(Nuclear Mysticism)"라는 독자적 예술
철학을 정립하는 밑거름이 된다. 달리는 말년에
이르러 점차 세상과 거리를 두게 되지만, 현실과
자아의 경계를 끊임없이 탐문하고 재구성하려는
시도는 멈추지 않는다.

1989년 1월 23일, 달리는 피게레스의 한
병원에서 생의 마지막 숨을 고른다. 그의 유해는
자신이 말년을 보낸 곳이자 영혼의 안식처인
갈라테아(Galatea) 탑에 안치됐다. 그는 마치
자신의 캔버스 위에서 흘러내리던 시계처럼,
유한한 육체의 시간을 넘어 영원이라는 무한의
바다로 고요히 스며든다.

"시간은 치즈처럼 녹아내린다.
그것이 영원의 본질이다."
– 살바도르 달리

해변 위에 세 개의 시계가 흐물거리며 늘어져
있다. 마치 절대적이고 견고한 시간 개념이
한순간에 무너지는 듯하다. 시계는 더 이상
측정의 도구가 아니라, 형태를 잃고 녹아내리는
하나의 생명체처럼 꿈틀거리며 실체성을
잃어버린다.

달리는 〈기억의 지속〉(1931)을 통해
"시간은 과연 실재하는가?"라는 질문을
던진다. 불교에서는 시간 또한 고정된 실체가
아니라, 찰나마다 생겨났다가 사라지는
'찰나생멸(利那生滅)'의 흐름으로 이해한다.
『금강경』은 더 나아가 "과거심불가득,
현재심불가득, 미래심불가득(過去心不可得,
現在心不可得, 未來心不可得)"이라고 설한다. 이는
과거의 마음, 현재의 마음, 미래의 마음, 이른바
시간의 세 국면 그 어느 것도 집착하거나 얻을 수
없다는 뜻이다. 과거는 이미 지나갔으니 붙잡을
수 없고, 미래는 아직 오지 않았으니 얻을 수 없다.
현재조차도 붙잡으려는 찰나 이미 지나가 버리고
만다. 결국 시간은 물질적이거나 고정된 존재가
아니라 마음이 조작해 낸 개념에 불과하다는
것이다.

달리는 이 작품에서 시간뿐만 아니라 자아에
관해서도 흥미로운 시선을 던진다. 작품 속
가운데의 기묘한 형상은 말이 누워있는 것인지
얼굴 눈썹인지 알 수가 없다. 아마도 달리의
자아를 은유하는 모호한 얼굴인 듯하다. 눈, 코,
입의 흔적만 남긴 채 잠들어 있는 이 형상은
자아가 고정된 중심이 아니라, 무의식이나
기억, 꿈의 파편으로 구성된 불안정한 존재임을
보여준다. 이는 불교가 말하는 무아(無我), 즉
고정된 자아가 없다는 통찰과 맞닿는다. '나'라고
부르는 실체는 사실 찰나마다 달라지는 감정과
생각의 모임일 뿐, 단단한 중심이 없다. 이처럼
달리는 자아를 일그러뜨려 정체성의 취약함을
드러낸다. 이렇게 해체된 세계에서 남는 것은
오히려 더 선명한 진실이다. 모든 것은 변하며, 그
변화를 붙잡으려는 마음이 고통을 만들어낸다는
사실이다.

살바도르 달리, 〈나르키소스의 변신(Metamorphosis of Narcissus)〉, 1937년, 런던 테이트 모던(Tate Modern).

살바도르 달리, 〈불타는 기린(The Burning Giraffe)〉, 1937년, 스위스 바젤미술관(Kunstmuseum Basel).

자아를 바라보는 달리의 특별한 시선은
〈나르키소스의 변신〉(1937)에서도 잘 드러난다.
달리는 자아가 자기 자신에게 매혹되는 과정을
조각처럼 정지시킨다. 화면 왼편의 인물은
자신의 모습을 바라보는 순간 점차 형태를
잃어가고, 오른편에서는 같은 자세의 돌덩이가
손처럼 솟아 있다. 이는 '자아'라고 부르는 것이
실체적 존재가 아니라, 순간적 감정과 욕망이
만들어낸 이미지에 불과하다는 사실을 드러낸다.
그런데도 우리의 삶은 자아라는 성을 견고하게
쌓기 위해 끊임없이 욕망한다. 그 욕망은 달리의
작품에서 종종 불꽃으로 형상화된다.

〈불타는 기린〉(1937)에서 타오르는 불길은
단순한 공포의 상징이 아니라, 욕망이 자신을
집어삼키는 방식에 대한 직관적 묘사다. 욕망은
외부에서 침입하는 힘이 아니라 마음속에서
피어오르는 불꽃이며, 붙잡을수록 더 격렬해진다.
달리는 이 불꽃을 회피하지 않고 정면에서
바라보고, 불이 꺼지기 전까지 번뇌의 전체
모습을 응시한다.

화폭 중심에 등장하는 여성의 몸에는 열린
서랍들이 층층이 박혀 있는데, 이는 우리가
내면에 은밀히 쌓아둔 무의식의 기억과 욕망의
덩어리를 상징한다. 하지만 이 기이한 육체는
스스로 서 있지 못하고 등 뒤의 위태로운
지팡이에 의지해 간신히 균형을 잡고 있다.
이는 우리가 견고하다고 믿는 자아가 사실은
집착이라는 외부의 지지대 없이는 찰나의
시간조차 버텨내지 못하는, 연약하고 공허한
껍데기임을 보여준다.

하지만 욕망과 자아의 분열을 다루는 그의
방식은 냉소적이거나 파괴적이지 않다. 욕망은
숨겨야 할 것이 아니라, 들여다봐야 할 내면의
그림자이며, 그 그림자를 응시할 때 비로소
자아의 진짜 모습이 드러난다. 대신 욕망이
어떻게 형상을 바꾸고, 자아를 분열시키며,
세계를 낯설게 만드는지 끝까지 따라간다.
달리의 그림 앞에 서면 기괴함을 보기보다,
오히려 우리의 내면이 어떻게 일그러지고,
어떻게 다시 합쳐지는지를 보게 된다. 이것이
바로 달리가 남긴 가장 솔직한 기록이며, 그의
예술이 단순한 상징의 과잉을 넘어 깊이 있는
내적 탐구로 다가오는 이유이다.

달리가 궁극적으로 무너뜨리려 했던 것은
눈앞의 사물이 아니라, 그 사물을 규정짓는
우리의 굳어진 인식이었다. 달리는 우리에게
익숙한 모든 기준을 잠시 멈추게 하고, 분별이
사라진 자리에서 새로운 눈을 뜨게 한다. 달리는
우리에게 '이것은 무엇인가?'라는 질문을 던지는
대신, 그저 화폭 너머에서 조용히, 그러나
집요하게 우리를 응시하며 말을 건넨다.

"당신이 현실이라 믿었던 세계는,
아직 그곳에 있나요?" ●

연재를 갈무리하며 __________ 그동안 [그림 속에서 찾은 사성제 이야기]를 성원해 주신 독자님들께 진심으로 감사드립니다. 2022년 2월, 가벼운 마음으로 시작했던 연재가 어느덧 4년 가까운 시간 동안 이어졌습니다. 지금까지 소개한 34명의 미술가는 마치 제가 『화엄경』 속 선재동자가 되어 미술관에서 만난 선지식(善知識)과도 같았습니다. 그들의 예술적 통찰과 삶을 향한 따뜻한 시선이 제게 큰 위로가 되었듯, 그 자비의 마음이 독자 여러분께도 오롯이 전해지기를 바라는 마음으로 이 불사(佛事)를 이어왔습니다. 이제 연재를 마무리하며, 그동안의 글을 모아 단행본으로 엮어 회향(廻向)하는 인연을 준비하겠습니다. 감사합니다. – 보일 합장

불교 컬렉션
(Collection of Buddhism)

월간 「불광」을 전자책 시리즈로 만나보세요.

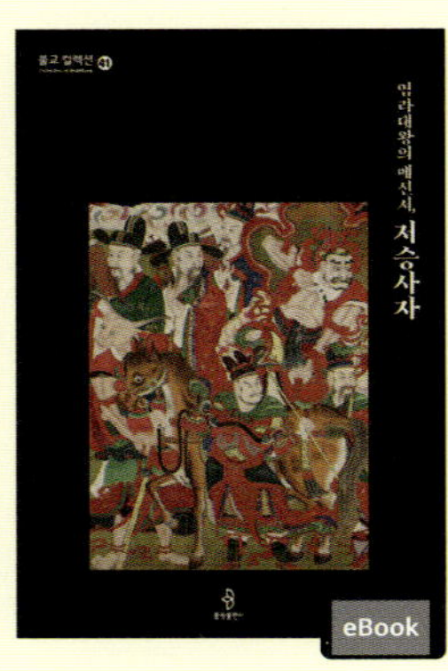

불광출판사   전화 02) 420-3200 | www.bulkwang.co.kr | 불광미디어

여주 상원사 흙 속에서 깨어나다

2025. 10. 28. ~ 2026. 03. 29.
여주박물관 | 경기 여주
031-887-3576

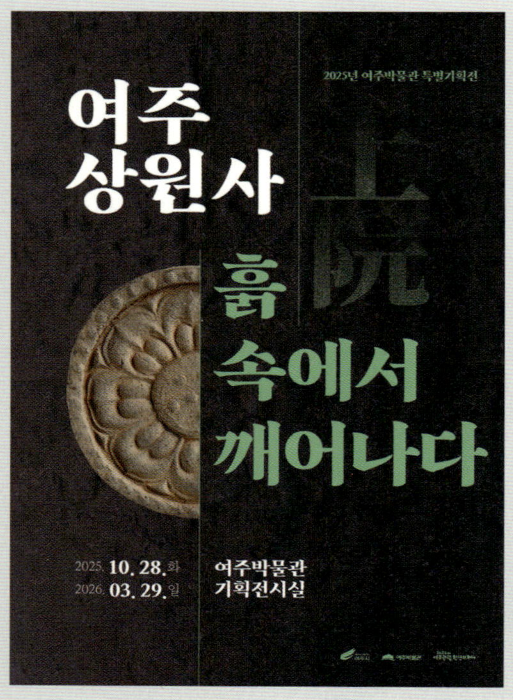

여주박물관은 혜목산에 위치해 '혜목산사지(慧目山寺址)'로 불렸던 절터의 이름과 역사를 밝히고자 2016년 학술 지표조사를 실시하고 학술세미나를 개최하는 등 10여년 전부터 노력해 왔다. 2020년부터 다섯 차례에 걸친 발굴조사를 통해 이 절터에 통일신라 말부터 조선 후기까지 운영된 '상원사'라는 사찰이 있었음이 확인됐다. 이 사찰은 통일신라 말 현욱(玄昱, 788~869) 선사가 머물렀고, 고려시대에 크게 사역이 확장되어 조선 전기까지 사세를 이어갔다. 그러다 16세기경 폐사된 후 조선 후기에 축소된 채 중수돼 운영됐고 18세기 말에 다시 폐사된 후 현재에 이른 것으로 확인된다. 특히 상원사지는 동쪽으로 500m 떨어진 고달사지의 '상원(上院)'으로, 유구와 유물 양상이 고달사지와 깊은 연관성을 보인다. 즉 통일신라말부터 고려시대에는 고달사의 '상원'으로 유지되다가 조선시대에 '상원사'로 독립적인 사찰로 중창해 운영했고 조선 후기에 폐사된 것을 알 수 있다. 3부에 걸쳐 상원사의 역사를 밝히고, 발굴조사 성과와 출토 유물을 전시하여 새롭게 확인된 여주의 문화유적을 소개하는 이번 전시는 '상원'명이 적힌 명문 기와와 대량으로 출토된 소형 기와, 그리고 다양한 종류의 청자편 등 출토유물 114점과 『신증동국여지승람』, 『범우고』 등 문헌기록을 포함하여 총 120점의 유물을 선보인다.

- **운영시간**　　화–일요일 09:00~18:00 (2월까지 1시간 단축)
- **휴관일**　　월요일, 1월 1일, 설날·추석 당일
- **관람요금**　　무료

여주박물관 황마관 전경(좌), 상원사지 발굴조사 당시 복토작업 모습(우).

여주 상원사지 출토 명문기와, 고려 후기.
'기축년조상원와초(己丑年造上院瓦草)'라는 글자가
새겨져 있어 12세기경 사찰의 중수가 이루어진
사실을 알 수 있다.

여주 상원사지 출토 소형 수막새, 통일신라 말~고려 전기.

여주 상원사지 출토 범자무늬 수막새, 조선 후기.

여주 상원사지 출토 당초무늬 암막새, 통일신라 말~고려 전기.

신라한향

2025년 APEC 정상회의를 맞아 ㈜예술경영 지원센터와 경주 솔거미술관이 협력해 진행하는 특별전《신라한향 – 신라에서 펼쳐지는 한국의 향기》는 APEC 주제어인 '지속가능한 내일'을 신라의 문화와 미학에 기반해 현대적으로 재해석한다.

전통 수묵화 기법을 현대적으로 재해석해 자연과 인간의 관계를 조형적으로 탐구하며 한국화의 세계화를 이끌어온 수묵화의 거장 박대성 화백, 전통 불화의 기법을 현대적 조형 언어로 확장한 작품 활동을 이어오고 있는 불화장(佛畫匠)이자 승려 송천 스님, 문화재 복원 전문가이자 작가 김민, 업사이클링 유리공예가 박선민 등 네 작가가 참여해 과거에서 미래로 이어지는 고도 경주의 역사, 불교, 환경에 대한 메시지를 제시한다.

제1~5관에서 진행되는 전시는 경주의 역사성과 조응하는 금·은박, 전통 안료를 활용해 다보탑과 석가탑을 그려낸 김민 작가의 독창적인 회화로 시작해, 은은한 빛을 뿜내는 박선민 작가의 재생유리 설치작품을 통해 환경과 예술의 순환적 관계를 시각적으로 제시한 뒤, 선명한 색상이 돋보이는 송천 스님의 〈관세음보살〉과 〈성모마리아〉 등의 견본채색 작품으로 넘어간다. 마지막 구역인 제5관에는 공간을 압도하는 폭 12m의 〈코리아 판타지〉와 5m가 넘는 높이의 〈반가사유상〉 수묵화 등 박대성 화백의 대규모 작품과 함께 가로세로 50cm의 소담한 난 수묵화 여러 점을 함께 배치하며 박력과 부드러움의 대비를 선보인다.

- **운영시간**　09:00~18:00
- **휴관**　국가공휴일
- **관람요금**　대인 12,000원 · 소인 10,000원(경주엑스포공원 통합권)

제1관(좌)과 제3관(우) 전시 전경.

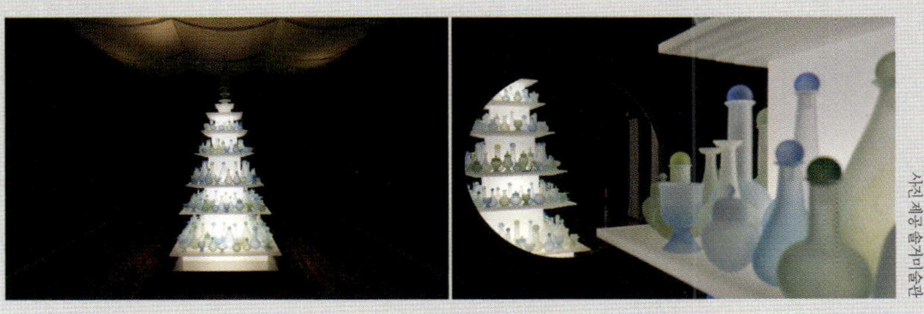

박선민, 〈시간의 연결성: 유리서(琉璃書)〉, 재생 유리기물 250점,
조명용 아크릴 좌대, 230×170×170cm, 2025.

박대성, 〈코리아 판타지〉, 종이에 먹, 500×1200cm, 2023.

미야지마 타츠오: 끝없는 삶의 순환

宮島達男《無盡的生命循環》

2025. 10. 22. ~ 2026. 02. 07.
타오아트스페이스(TAO ART) │
대만 타이베이

LED 작품과 기술에서 영감을 받은 조각으로 국제적인 명성을
얻고 있는 일본 아티스트 미야지마 타츠오는 숫자를 사용해
삶, 시간, 공간, 존재와 같은 심오한 철학적 상징을 성찰해
왔다. 불교 철학으로부터 영감을 얻기도 하는 불교도인 그의
작품들은 빛과 어둠의 순환을 통해 인본주의 사상, 불교의
가르침, '끊임없이 변화하라', '모든 것과 연결하라',
'영원히 지속하라'는 개념을 담고 점멸을 이어간다.

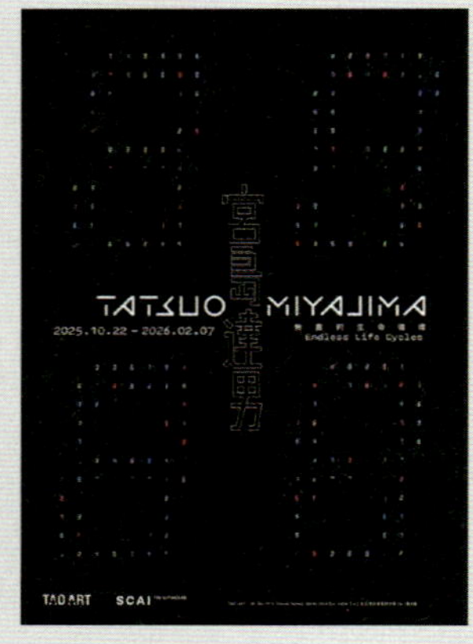

생생한 상(像)

Lebendige Bilder
2025. 10. 16. ~ 2026. 09. 01.
쾰른동아시아미술관(Museum für Ostasiatische Kunst Köln) │ 독일 쾰른

지난 여름 진행된 서울 국립중앙박물관 특별전《새 나라 새
미술: 조선 전기 미술 대전》불교관에 전시됐던 조선 15세기作
〈석가출가도〉의 소장처인 쾰른동아시아미술관이 한·중·일
불교 의례에 중심적인 역할로 사용된 도구와 예술작품에
초점을 맞춘 소장품 특별전을 진행한다. 미술관 측은 석가모니
부처님의 열반일을 기념하며 2026년 2월 15일에 14세기 일본
열반도를 전시할 예정이라고 밝혔다. ●

읽는 순간 힘이 되는 소식!
다양한 채널에서 불광미디어를 만나 보세요

불광미디어 홈페이지

불광미디어 유튜브

불광미디어 이메일 뉴스레터
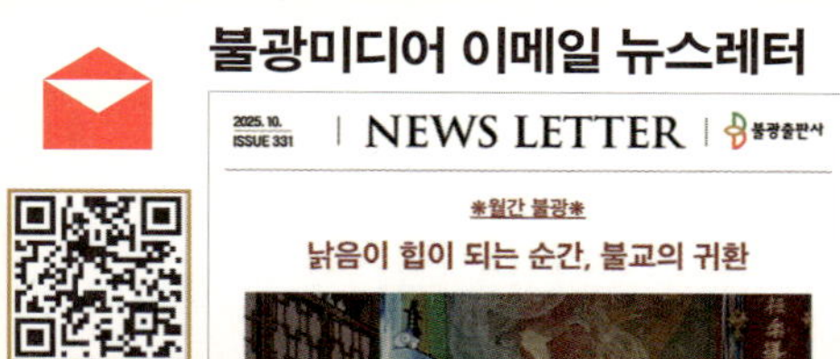

불광미디어 카카오 채널
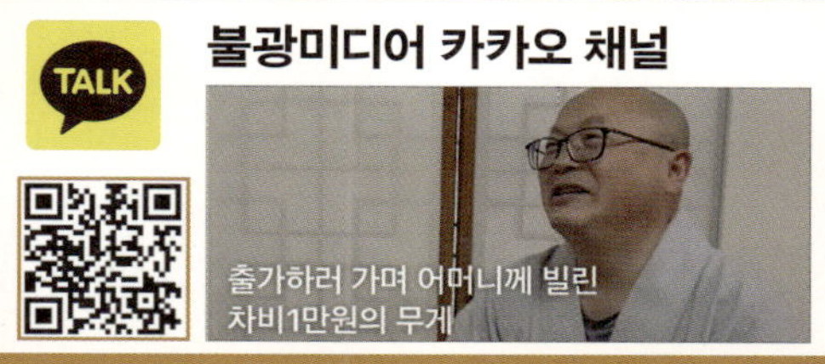

불광출판사 트위터
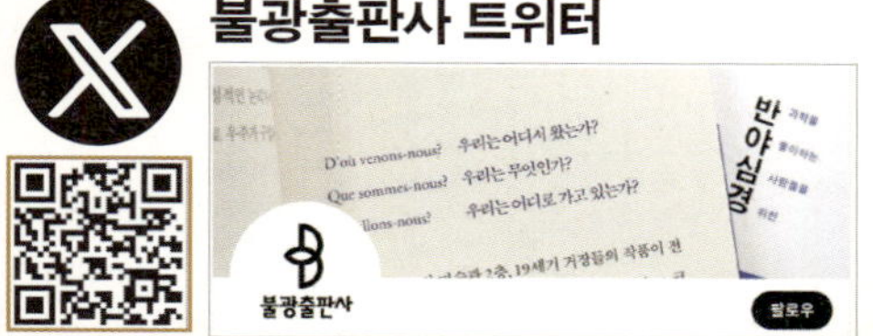

붓다빅퀘스천

불광출판사 페이스북

불광출판사 인스타그램

불광출판사 밴드

불광출판사 블로그
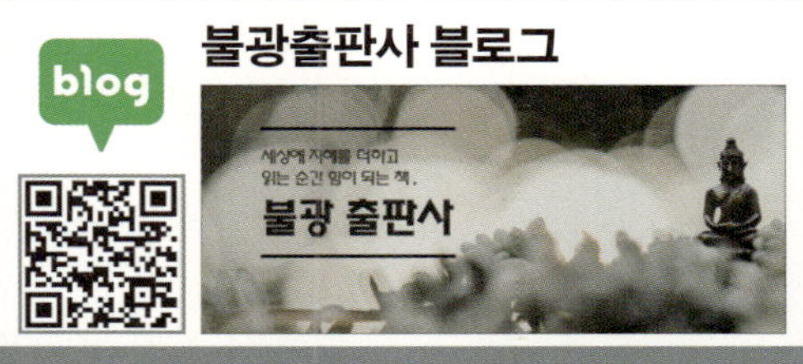

월간 불광 페이스북

월간 불광 인스타그램

나도 내 마음을 모를 때, 불교심리학

'마음공부가 이렇게 재밌는 줄 몰랐다'는 후기를 받는 보만 스님의 유튜브 강의 〈불교심리학〉을 바탕으로 '마음 사용법'을 정리했다. 다들 그럴 때가 있지 않나? 나도 내 마음을 모를 때! 별일 아닌 일에 괜히 서운하고, 아무 일이 없는데도 불안하다. 감정을 다스리려 애쓸수록 왜 마음은 더 거칠게 움직이는 걸까? 그래서 묻게 된다. "내 마음, 도대체 왜 이러는 거예요?" 그 물음표를 따라 마음의 구조를 눈앞에 펼쳐 보인 책이 이 책이다.
마음의 구조와 원리를 '제품 설명서'의 형식으로 풀어내어 누구나 직관적으로 이해할 수 있다. 불교의 가르침에 바탕을 두고 있으나, 무겁고 추상적인 교리서가 아니다. 늘 웃음과 유쾌함이 함께하는 보만 스님의 강의처럼, 이 책은 일상의 갈등과 흔들림을 가볍고 명쾌하게 다루는 '마음의 매뉴얼'이다.

보만 지음 | 불광출판사 | 288쪽 | 19,000원

붓다와 공자가 마주한 인생독법

불안과 분열이 일상이 된 지금, '흔들리지 않는 마음의 힘'은 현대인이 지녀야 할 필수 덕목이 됐다. 무엇으로부터 그 힘을 길러 낼 것인가? 『붓다와 공자가 마주한 인생독법』은 붓다와 공자라는, 한국인의 DNA에 흐르는 사유와 지혜의 뿌리에서 답을 찾는다.
이 책은 '이 말은 이런 뜻이고 저 말은 저런 뜻이다' 하고 붓다와 공자의 말을 되풀이하는 단순한 고전 해설서가 아니다. 저자가 반백 년 삶을 통과하며 길어 올린 '살아 있는 지혜의 알곡'이다. 세상 앞에 당당해지는 법, 적(敵)이 아닌 벗을 만드는 법, 목표한 바를 이루는 법, 소중한 이 삶을 누리는 법 등 2,500년 전 붓다와 공자가 전한 통찰을 오늘날의 감각으로 새롭게 들려준다. 서둘러 가기보다 오래 멀리 가고, 뜻하는 대로 후회 없이 가는 인생길을 안내한다.

임종욱 지음 | 불광출판사 | 312쪽 | 19,000원

매일매일 천수경

동명 지음 | 조계종출판사 |
224쪽 | 18,000원

한국 불자들에게 가장 친숙한 『천수경』을 통해 부처님 가르침의 핵심을 매일 실천으로 이어나가 바른 수행을 쌓도록 안내한다. 동명 스님이 수년간 신도들과 함께 공부하기 위해 직접 제본해 사용하던 책을, 내용이 쉬우면서도 깊이가 있어 더 많은 불자들이 볼 수 있게 해달라는 요청을 받아 정식 출간했다. 불자들의 눈높이에서 『천수경』을 차분하게 설명하고 있지만 단순한 해설서에 그치지 않고, 경전이 제시하는 행복의 비결과 마음공부 방법을 찾는 데 초점을 맞춘다.

한국의 불교와 사찰

황인규 지음 | 혜안 |
688쪽 | 45,000원

40여 년간 중세불교사와 역사교육에 헌신해 온 황인규 명예교수가 삼보사찰과 적멸보궁 등 주요 사찰을 중심으로 한국불교의 형성과 전개 과정을 정리한 연구서. 불교가 국가·사회·문화 공동체를 아우른 정신을 조명하고, 한국 최초의 사찰부터 신라·고려·조선을 거쳐 사찰이 교육과 문화, 사회 복지의 중심이 된 흐름을 살피며 조선 태종대 억불 정책 이후 산중불교가 자리 잡는 과정까지 조망한다.

수행, 초탈인가 치유인가

정준영 외 지음 | 한자경 엮음 |
운주사 | 432쪽 | 26,000원

초기불교, 선불교, 명상과학, 서양철학, 심리학 등 각 분야의 전문가들이 모여 '초탈'과 '치유'라는 개념을 연결하는 방법을 탐구한다. 수행이라는 관점에서 초탈과 치유라는 두 개념을 심도 깊게 탐구하며, 수행이 단순히 내적 성장이나 영적 해탈을 위한 행위뿐만이 아니라, 현대인이 겪고 있는 심리적 고통과 불안을 해결하는 실용적인 방법이 될 수 있음을 제시한다.

붓다와의 마음수업

정준영 지음 | 웨일북 |
240쪽 | 18,000원

우리는 스스로 만들어낸 불안과 고민에 휘둘려 삶의 중심을 잃는다. 끝없이 비교하고, 채워지지 않는 욕망을 좇으며, 순간의 만족에 기대 살아간다. 좋아하는 것에는 집착하고, 싫어하는 것에는 분노하며, 이 모든 것을 고통으로 삼는다. 초기불교 학자이자 국내 최고 명상 지도자인 정준영 저자는 붓다의 가르침을 일상의 언어로 풀어내며, 고통을 피하는 대신 그것을 통찰로 전환하는 지혜를 아낌없이 알려준다.

한국 중세불교와 역사교육

황인규 지음 | 혜안 |
540쪽 | 40,000원

한국 중세의 역사와 문화를 불교사 시각에서 정리한 연구서로, 고려 불교의 산문 전통과 국제 교류, 조계종의 형성과 왕실 불교의 역할을 살피며 교과서 속 불교사 서술 변화까지 함께 검토해 교육 현장에서의 의미를 짚는다. 조선 건국 이후 강화된 억불 정책과 왕실·의승의 역할, 임진왜란 시기 의승군의 활동, 남·북한산성 축성과 승영사찰의 운영 등 조선 불교의 역사적 전개를 폭넓게 다뤘다.

茶가일상

김소연 지음 | 아트레이크 |
205쪽 | 22,000원

'영화'라는 키워드로 차 한잔에 담긴 방대한 역사, 문화, 예술에 얽힌 이야기를 소개한다. 영화 속 장면을 통해 무궁무진한 스토리를 담은 차의 세계를 재미있고도 깊이 있게 풀어냈다. 특히 이제 막 차에 한 발을 내딛는 입문자에게 '차에 얽힌 이런저런 스토리'를 조근조근 들려주면서 친근하게 다가간다. 하나하나 따라가다 보면 차가 단순한 음료가 아니라 역사, 문화, 예술이 흠뻑 녹아들어 있는 삶의 이야기이며 인문학의 보고임을 깨닫게 된다.

엘리멘탈

스티븐 포터 지음 | 김은영 옮김 |
원더박스 | 296쪽 | 19,000원

'생명의 공식'을 이루는 다섯 가지 원소로 보는 40억 년 지구 생명의 역사와 우리 인류의 미래. 무엇이 생명을 이어가는 데 가장 필수적인가? 이 책은 수소, 산소, 탄소, 질소, 인이라는 다섯 가지 원소를 답으로 제시한다. 생명에 필수적인 이 원소들을 얻기 위한 생명체의 투쟁은 지구를 놀랍도록 변화시켰으며, 지금도 세상을 움직이는 원동력으로 작용하고 있다.

비단길을 건너는 아이 야나

이경이 지음 | 보리 | 176쪽 |
16,000원

주인공 '야나'가 사라진 아빠를 찾아 친구인 동자승 '무소'와 함께 머나먼 서역으로 떠나는 모험담. 황금의 나라 신라에서 멀고 먼 사마르칸트까지의 비단길 여정에서 펼쳐지는 우정과 연대, 음모와 비밀이 가득한 모험과 성장의 서사는 동시에 사랑과 돌봄에 관한 이야기이기도 하다. 작가는 야나의 마음속에 깃든 힘과 그 곁에 머무는 따뜻한 존재들을 조명하며 끝끝내 우리들을 지키는 것이 무엇인지 설득력 있게 전한다.

일상이 고고학, 나당전쟁과 문무왕

황윤 지음 | 책읽는고양이 |
324쪽 | 19,800원

다양한 역사 대중서를 내고 있는 저자의 역사와 산책이 어우러지는 '일상이 고고학' 시리즈 신작. 정글 같은 세계 정세 속에서 오늘의 대한민국이 기억해야 할 역사적 사건인 나당전쟁과 문무왕을 재조명한다. 초강대국인 당나라와 싸워 승리한 후 한반도 최초 통일국가를 이루기까지 신라 문무왕이 보여준 역사의 명장면을, 옛터를 직접 찾아가 문헌의 명확한 고증을 통해 생생하게 담아냈다.

맑음이

로아 글 | 현수 그림 | 원더박스 |
42쪽 | 16,800원

엄마, 아빠, 희망이와 함께 지내는 행복한 강아지 맑음이. 어느 날 식구들이 비행기 여행을 떠나고 맑음이는 집에 혼자 남아 기다린다. 며칠이 지나도록 식구들은 오지 않고, 맑음이는 외로움 속에서 서서히 지쳐 간다. 두 고등학생 단짝 친구가 쓰고 그린 『맑음이』는 제주항공 여객기 참사로 식구를 모두 잃은 강아지 '푸딩이' 이야기를 모티브로 한 그림책이다.

못생긴 제인 그리고 인어

베라 브로스골 지음 | 조고은
옮김 | 보물창고 | 368쪽 |
19,800원

못생겨서 모두에게 구박받고 무시당하던 제인은 부모님이 돌아가신 뒤, 더 극한의 상황에 내몰리게 된다. 그 상황에서 벗어나기 위해 왕자님 같은 외모의 피터에게 청혼하려는데 인어가 피터를 납치해 바닷속 인어 마을로 사라지고, 피터를 찾기 위한 제인의 모험이 시작된다. 이 과정에서 제인은 자신의 한계를 깨부수고, 원래 지니고 있던 자신의 다양한 모습을 있는 그대로 사랑하는 법을 배워 나간다.

신을 찾는 뇌

로빈 던바 글 | 구형찬 옮김 |
arte(아르테) | 436쪽 | 30,000원

역사상 인류 대부분은 종교와 함께 살아왔으며, 종교는 사회문화의 매우 중요한 요소로 작동해 왔다. 민족지학적 기록이나 고고학적 증거에서, 어떠한 형태의 종교도 갖지 않은 문화는 알려진 바 없다. 저자는 특정 종교의 관점을 취하지 않고 인류의 보편적인 경험을 대상으로 종교의 기원과 진화 과정을 밝힌다. 이 책은 인류의 종교성과 사회성의 근원을 탐구하는 이들에게는 깊은 통찰을, 사람들이 왜 종교를 믿는지를 묻는 사람에게는 명쾌한 해답을 제공한다.

어느 날 한 나무를 만났다

최선길 지음 | 남해의봄날 |
120쪽 | 25,000원

오랫동안 한국의 산과 나무를 화폭에 담아온 화가 최선길은 40년
가까운 세월 동안 자연의 풍경 속에서 인간의 삶을 성찰해 왔다.
그러던 중 원주 반계리 은행나무에 사로잡혀, 1318년을 산 이 거목의
생명력에 반해 매일 한 자리에서 은행나무의 사계를 화폭에 담는
프로젝트 '천 년의 노래'를 시작했다. 5년이 넘는 세월, 빛과 바람,
노을까지 느껴지는 은행나무의 풍경과 작업 노트, 전시 때마다
갈무리한 생각을 모두 담은 책.

대항해시대의 동남아시아

앤서니 리드 지음 | 박소현
옮김 | 글항아리 | 976쪽 |
58,000원

15~17세기 '대항해시대'를 논할 때 '동남아시아'에 주목하는 이는
드물다. 식민주의 역사는 동남아시아를 서양사의 배경쯤으로
치부하고, 민족주의 역사는 희생의 땅으로 묘사했지만 이 시기
동남아시아는 독자적인 문화를 구축하고 있었다. 저자는 지리적
단위는 물론 그곳에 살던 사람들의 생활과 문화, 사회조직, 축제와
오락, 교역, 종교 등 인문적 단위로 동남아시아의 역사를 꼼꼼하게
훑어내리며 통찰한다.

나는 미쳐가고 있는 기후과학자입니다

케이트 마블 지음 |
송섬별 옮김 | 웅진지식하우스 |
396쪽 | 20,000원

'어차피 세상은 망할 텐데, 이게 다 무슨 의미가 있지?' 거대한
기후 재난 앞에서 누구나 한 번쯤 거대한 무력감을 느꼈을 것이다.
하루에도 몇 번씩 지구의 재앙적 미래를 시뮬레이션해보는 과학자는
어떨까? NASA 출신 기후학자인 저자는 객관의 언어를 써야 하는
과학자이자 사라져가는 세계를 살아가는 한 사람으로서 느끼는
복잡한 감정을 낱낱이 들여다본다. 분노에서 사랑까지, 아홉 가지
감정을 통해 기후 위기 문제에 접근하는 새로운 지평을 열어 주는 책.

당신은 연결되어 있습니까

고미숙 지음 | 창비 | 108쪽 |
13,000원

K컬처가 세계를 매혹하고, 광장의 함성으로 민주주의를 지켜낸
2025년 대한민국. 하지만 이 화려한 스포트라이트 뒤편에서 사람들은
갈수록 깊은 고립감과 우울을 호소하고 있다. 우리 사회의 가장 아픈
곳을 향해 날카로운 질문을 던지는 저자는 현대사회를 깊이 잠식한
'고립과 단절'의 병리를 파헤치며, 진정한 연결의 감각을 회복하기
위한 구체적인 방법으로 불경, 장자, 『주역』 등의 '고전 읽기'를
제시한다.

웍과 칼

퓨샤 던롭 지음 | 윤영수, 박경환
옮김 | 글항아리 | 552쪽 | 32,000원

중국으로 유학가 공부는 뒷전에 두고 하루 종일 먹기만 하다
쓰촨고등요리학교에 등록한 최초의 비중국인 학생은 결국 음식
전문가이자 분야에서 가장 유명한 저자가 된다. 이 책은 그가 구축해온
중화미식인류학을 총체적으로 녹여낸 하나의 백과사전이다. 중국
음식 3000년의 역사를 조망하며 기원을 파헤치고 그 변화의 과정을
설명하며 대두의 중요성, 이국적인 식재료의 유혹, 불교 채식의 역사와
같은 중국 미식의 고유한 면면을 살핀다.

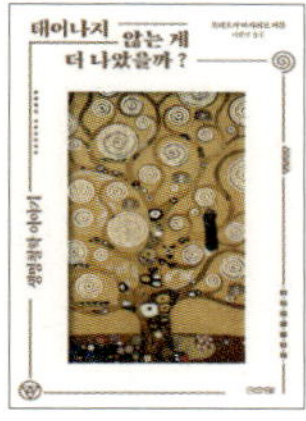

태어나지 않는 게 더 나았을까?

모리오카 마사히로 지음 |
이원천 옮김 | 사계절 | 348쪽 |
23,000원

'나는 왜 태어났는가, 그리고 태어나지 않는 게 더 나았던 건
아닐까?'라는 질문에 정면으로 마주 선 책. 고대부터 태어남을
'고통'으로 보는 관념은 분명 존재했다. 저자는 고대 그리스의
오이디푸스에서부터 붓다, 쇼펜하우어, 니체, 그리고 현대의 반출생주의
철학자 베네타에 이르기까지 서양과 동양, 문학과 철학을 넘나들며
'살아 있음'의 의미를 다시 묻고, '태어나서 정말 다행이다'라는
광명을 향해 나아가야 한다고 말한다.

월간 「불광」에서
광고주를 모집합니다.
지면광고
배너광고
S N S
메일링
광고
문의
02-420-3200

월간「불광」, 나누고 함께하면 행복이 커집니다

전국에는 군법당 128곳, 병원 414곳, 교정기관 58곳, 대학교(대불련) 100여 곳이 있습니다.
이 중 월간「불광」을 받는 곳은 100여 곳(14%)에 불과합니다.
월간「불광」은 문서 포교의 시발점이자 불교 대중화의 선두에 있습니다.
불교 안팎의 모든 이들에게 도움이 되는 삶의 지혜와 감동을 전할 수 있도록
불자님들의 후원을 기다립니다.

정기후원	지정·미지정	월 9,000원(1년 108,000원)

- 후원처를 희망하시는 곳으로 지정할 수 있습니다.
- 일시후원 및 기업후원은 문의 바랍니다.

전화 02-420-3200	온라인 www.bulkwang.co.kr

계좌번호 **신한은행 140-011-217220** 또는
농협 301-0420-3200-71 (예금주 (주)불광미디어)

단체구독

150부 거제불교거사림회 ● 50부 범어사 주지 정오스님, 불광한의원 도광스님 ● 40부 금강정사 ● 34부 화계사 주지 우봉스님 ●
30부 성주사 주지 법안스님, 황룡원 ● 25부 불광사 주지 동민스님 ● 20부 보현사 주지 진효스님 ● 12부 금선사 주지 현장스님 ●
11부 보덕사 주지 정안스님, 정호스님 ● 10부 대구 용연사, 동명사 회주 지명스님, 법련사 주지 진경스님, 보문사 주지 선조스님, 불광정사 주지
지암스님, 영화사 주지 평중스님, 파계사 주지 법준스님, 화광사 주지 학륜스님, 홍천사 회주 금곡스님 ● 6부 공생선원장 무각스님 ● 5부 천불사
주지 동일스님 ● 3부 월정사 주지 정념스님, 정암사 주지 상운스님, 천은사 동은스님, 통일정사 주지 무애스님, 동국대학교 사범대학 부속
가람중학교, 동국대학교출판문화원, 서울노인복지센터, 해동고등학교 ● 2부 금산사 템플스테이, 금정중학교, 도리사 회주 법등스님, 등명낙가사
주지 청우스님, 삼선암 혜조스님, 선덕사 주지 담준스님, 선운사 주지 경우스님, 세종전통문화체험관, 송광사 템플스테이, 증심사 주지 중현스님,
하나병원

월간「불광」 보내기 후원자

60부 금강정사 ● 50부 범어사 주지 정오스님 ● 40부 김현철, 이형욱, 임유정.이현종 ● 39부 보덕학회 ● 20부 낙산사 주지 일넘스님,
화엄사 주지 우석스님, 이서현, 이정민, 조원호 ● 19부 청량사 주지스님 ● 18부 김은희 ● 12부 백주란 ● 10부 공생선원장 무각스님, 도갑사
주지 수관스님, 전등사 회주 장윤스님, 제주 신광사, 진관사 주지 법해스님, 해동용궁사 주지 덕림스님, 화엄경보현행원, 류지호, 이갑기·소순열
● 9부 김영숙 ● 8부 삼성암 주지 세민스님, 김동조 ● 6부 화엄사 빛고을포교원 주지 연성스님, 김동철, 김용수, 서희손, 원경연, 최창원 ● 5부
김형남 ● 4부 장미일 ● 3부 서봉스님, 공영주, 김미선, 김희정, 박수화, 신인하, 양동민, 이미령, 정원규, 정재현, 조인영, 차정미, 한상호(김선희) ●
2부 만성스님, 청명스님, 김수천, 김주석, 김준섭, 김홍월, 노정신, 박선영, 박양애, 박종옥, 박종은, 서현정, 안병주, 양경자, 오명희, 윤정안, 주연호,
최경란, 최민석, 허균, 허은창, 홍종수 ● 1부 선재스님, 정운스님, 강상임, 강은실, 구광국, 권순덕, 김명환, 김상엽, 김세희, 김영해, 김은수, 김준수,
김헌영, 김희자, 박금진, 박동엽, 박양애, 박제일, 박정현, 박찬욱, 박찬희, 박현주, 배춘상, 백용구, 복병학, 석경란, 성명숙, 신현배, 심원섭, 안상민,
오송자, 오연숙, 오영원, 원정희, 유근자, 윤소년, 이기선, 이만혜, 이영옥, 이재숙, 이정민, 이정하, 이주현, 이중희, 이지영, 임동욱, 장선자, 장성원,
장효정, 전나미, 정광열, 정성희, 정호경, 정희원, 조경숙, 조남연, 조정임, 조지형, 좌정훈, 진영순, 최숙경, 최칠환, 허종범